中华爱国人物故事

ZHONGHUA AIGUO RENWU GUSHI

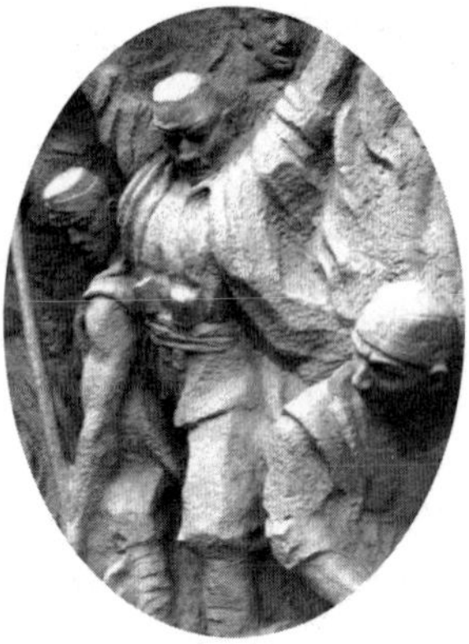

守卫河山寸土不让的
赵登禹与佟麟阁

郭雪飞 陈小龙 编著

吉林人民出版社

图书在版编目(CIP)数据

守卫河山寸土不让的赵登禹与佟麟阁/郭雪飞,陈小龙编著. -- 长春：吉林人民出版社,2011.5
（中华爱国人物故事）
ISBN 978-7-206-07842-2

Ⅰ.①守… Ⅱ.①郭… ②陈… Ⅲ.①赵登禹(1898~1937)-生平事迹②佟麟阁(1892~1937)-生平事迹 Ⅳ.①K825.2

中国版本图书馆CIP数据核字(2011)第075694号

守卫河山寸土不让的赵登禹与佟麟阁
SHOUWEI HESHAN CUNTU BU RANG DE ZHAO DENGYU YU TONG LINGE

编　　著：郭雪飞　陈小龙
责任编辑：葛　琳　　　　　封面设计：七　洱
吉林人民出版社出版 发行（长春市人民大街7548号 邮政编码：130022）
印　　刷：鸿鹄(唐山)印务有限公司
开　　本：670mm×950mm　1/16
印　　张：8　　　　　　　　字　　数：70千字
标准书号：ISBN 978-7-206-07842-2
版　　次：2011年5月第1版　　印　　次：2023年6月第4次印刷
定　　价：35.00元

如发现印装质量问题，影响阅读，请与出版社联系调换。

总　序

胡维革

《中华爱国人物故事》是一套故事丛书。它汇集了我国历史上80位古圣先贤、民族英雄、志士仁人、革命领袖、先进模范人物的生动感人史迹，表现了作为中华民族优秀传统的伟大的爱国主义精神。

爱国主义是人们对于"生于斯、长于斯、衣食于斯"的祖国的一种神圣感情，是人们对于自己民族的一种强烈的责任感和使命感，是感召和激励整个中华民族的一面永不褪色的旗帜。在漫长的历史上，爱国主义一直激励着中华儿女为祖国的独立、统一、进步和繁荣而英勇奋斗。从伟大的思想家教育家孔子到统一全国的千古一帝秦始皇，从秉笔直书著《史记》的司马

◆ 中华爱国人物故事

迁到鞠躬尽瘁死而后已的诸葛亮,从伟大的浪漫主义诗人李白到精忠报国的民族英雄岳飞,从七下西洋传播友谊的郑和到抗击倭寇的民族英雄戚继光,从苟利国家生死以的林则徐到为变法流血的第一人谭嗣同,从威震敌胆的抗联将军杨靖宇到人民音乐家聂耳与冼星海,从踏遍青山人未老的李四光到万婴之母林巧稚,从县委书记的好榜样焦裕禄到情系雪域献身高原的孔繁森……都表现出了强烈的爱国主义精神。正是由于热爱祖国的人们前仆后继地奋斗,国家和民族才得以生存,历经一次次历史危急关头而能转危为安,走向兴盛和富强,从而屹立于世界民族之林。爱国主义是鼓舞中华儿女历经忧患、跨越沧桑、百折不挠、自强不息的伟大力量,它贯穿于中华民族的整个历史,并有力

总序

地凝聚着五洲四海的中国人。

爱国主义是一个历史的范畴,在社会发展的不同阶段、不同时期有着不同的具体内容。革命时期,需要我们为祖国的独立自主出生入死;建设时期,需要我们为祖国的繁荣富强增砖添瓦;在全国各族人民团结一心建设富强、民主、文明、和谐的社会主义现代化国家的今天,我们要争做一名新时期的爱国者。新时期的爱国者要有强烈的民族自尊心和自豪感。民族自尊心和自豪感是任何时期任何爱国者都必须具备的情感。民族自尊心能增强我们自立向上的恒心,民族自豪感能树立我们建设祖国的信心。要树立"祖国高于一切"的崇高信念,为了祖国和人民的利益不惜抛却个人的利益,甚至不惜牺牲个人的生命。要树立终身学习的理念,拓

◆ 中华爱国人物故事

宽自己的知识面，广泛吸收新知识新技术，完善自身的知识结构，更新学习知识的方法与理念，从思想上、知识上充分武装自己，为祖国的繁荣昌盛贡献力量。

爱国主义思想的继承和发扬，是关系到民族盛衰、国家兴亡的根本问题。一代代人爱国主义思想情操的形成，需要不断地培养。培养爱国主义的一个重要途径是向爱国主义的英雄人物和典范事迹学习。这套丛书的出版，对于人们向英雄和先进人物学习，特别是对于在中小学生中进行爱国主义教育，将可提供一些生动的教材。祝愿此书出版发行成功，为培养"四有"新人做出贡献。

于2011年4月23日
世界读书日

编 委 会

策 划：胡维革　吴铁光
　　　　林　巍　李达豪
主 编：胡维革　邢万生
副主编：贾淑文　吴兰萍
编 委：（按姓氏笔画为序）
　　　　于二辉　门雄甲
　　　　刘士琳　刘文辉
　　　　孙建军　李相梅
　　　　李艳萍　杨九屹
　　　　谷艳秋　陈亚南
　　　　隋　军　韩志国

目录
CONTENTS

◎ 012　卢沟桥保卫战

◎ 032　名将的戎马生涯

◎ 048　英勇的大刀精神

目 录
CONTENTS

团结一心的抗日同盟　088

缅怀英勇的将军　099

北平杂闻　105

卢沟桥保卫战

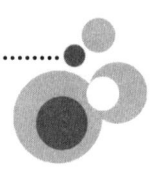

卢沟桥始建于金大定二十九年（1189年），完成于明昌三年（1192年）。这座桥是当时世界上技术含量最先进，难度最大，最为美丽、壮观的一座桥，在世界桥梁建筑史上占有重要位置。

1290年意大利人马可·波罗在此经过，他对这座美丽绝伦的东方桥梁发出了由衷地赞叹，称它是"它是世界上最好的、独一无二的桥"。并由他将桥的图样和建筑技术详细传入欧洲。因此，欧洲人称卢沟桥为马可·波罗桥，卢沟桥在欧洲人眼睛里就是东方文明的象征。

卢沟桥坐落在北京母亲河——永定河上。永定河发源于三晋雁北宁武，东至津门与海河交汇流入渤海。全长747公里、流域面积47 016平方公里，流经山西、内蒙古、河北、北京、天津等五大省区市。据《山海经》《汉书·地理志》《水经注》等古籍记载，永定河有过许多名字，如浴水、治水、清泉河、高粱河、桑干河、卢沟、浑河、小黄河、无定河……，都曾是永定河的名字。这些名字是永定河的代号，更反映了她的个性。

永定河养育了西起晋北，东至渤海之滨的广袤北国大地！特别养育了五朝古都北京，养育了历史文明十万年！

十一万年前，永定河边的"前桑峪人"接过北京猿人的火炬，度过了"人猿相揖别"的人类进化关键时刻；一万年前，"东胡林人"飞土逐肉，适应了自然，也改造了自己；那位戴着小蚌壳项链的美丽东胡林少女，正是我们北京，乃至亚洲人类的始祖……

黄草梁一定记得，约五千年前，因对生命与宇宙的

卢沟桥

关系看法不一，黄帝、炎帝、蚩尤三帝在黄草梁西北部一带的广阔山野间，展开了一场龙虎逞威的大争斗。但，不管是胜利者，还是失败者，作为都是喝过永定河水的华夏子孙，他们都是推动了历史前进的优秀祖先。

3 000年前的西周青铜盂，清晰铭刻着周王封燕，北京建城的史事；斋堂马栏村一带的丰茂水草，一定记得后唐李克用、李存勖父子在这里饲养铁骑，并演绎了一段"晋王三矢"的故事，以及最终让宋代大文学家欧阳修留下了"忧劳可以兴国，逸豫可以亡身"的千古感叹！

由于人类活动的范围加大，环境逐年恶化，永定河水也日渐浑浊，含沙量剧增。到了金代，这条当时叫作卢沟的大河已是"泥淖淤塞，积滓成浅，不能胜舟"。从此，永定河变得积淤善决、狂肆不羁，屡屡泛滥为患，成了一条让人头疼的"害河"。

因此，永定河又有了"浑河""小黄河""无定河"等等诨号。

公元1698年，康熙大帝特为无定河赐名永定河！江山永定，海晏河清，是千百年来，人民的美好梦想。但，这个梦想的真正实现，却是在新中国建立以后的事情。

金代以前，卢沟桥这个地方只是永定河上许多渡口中的一个，河上只有简易浮桥。金大定年间始建的这座石桥，为十一孔联拱式，全长266.5米，宽7.5米，最宽处可达9.3米。整个桥体为石结构，关键部位均用银锭铁榫连接。卢沟桥的桥墩是专门为适应永定河狂暴、汹涌的水流而特别设计的，桥墩下面呈船形，迎水面砌做分水尖，外形很像一条船头尖尖的小船，其作用能很好抗击流水的冲击。显示了古代造桥者的高超智慧。卢沟桥于1444年重修。后该桥曾被洪水冲毁，于康熙三十七年（1698年）再次重建。

卢沟桥桥面由桥面伏石、仰天石、桥面石三层组成。石栏杆279间，栏板279块，望柱281根，柱高1.4米。

栏杆每间是望柱，柱头刻莲座，座下刻荷叶墩，柱顶刻狮子。这些石狮子大小不一、形态各异。它们有做仰天状的，有注视桥面的；还有游戏状，呼喊状的。这些狮子有雌有雄，雌狮逗小狮玩耍，母爱动人；雄狮游戏弄绣球，憨态可掬……极富情趣和美感。北京民间早有歇后语："卢沟桥的石狮子——数不清"；《帝京景物略》中也说，卢沟桥的石狮子是"数之辄不尽"。1962年，北京市有关部门专门组织了一次石狮子的仔细清点，共统计出有大小石狮子485个。但，在1979年的复查中，却又增加发现了17个，这样，石狮子的总数就变成了502个。总之，卢沟桥以他高超的技术含量和精美的石狮雕刻艺术享誉中外，为世界上一大奇观。因永定河而有卢沟桥，因卢沟桥才有了北京城。为此，康熙、乾隆二帝都曾树过建卢沟桥碑，特别是乾隆在树修葺卢沟桥碑时，还题了"卢沟晓月"及建了考察永定河诗碑的碑亭。这些都表明这座桥在最高统治者心目中的重要位置。

　　长安灞桥为汉、唐人送客的好地方。而在金、元、明、清时，能很好寄托离愁别绪的就只有卢沟桥了。当离别之人在野店畅谈经夜，于清晨相互拱手拜别时，只有长桥晓月、卢水晨星能体现人的悲凉心境。面对此景此情，那些奔命的商贾、迁客，失意的骚人、儒生。都不免会感叹人生之无常，世事之诡谲。而这就是燕京八景之———"卢沟晓月"最动人之处了。

　　卢沟桥东为宛平县城，这是为了防御李自成农民军进攻京城，而于崇祯末年（约1638—1640年）建的。当时叫拱北城，或称拱极城，意为拱卫北京的城。宛平城只开东西二城门。城门有瓮城，有闸楼，东城楼称顺治门，西城楼称威严门。该城整体呈典型明代建筑风格。二城门间距640米，城池宽320米，青砖结构。此城虽是全国最小的县城，却城池坚固，规格很高。城内主要建

乾隆御笔石刻——卢沟晓月

筑是军队的营房、仓库、马厩等。城东有观音庵，城西有兴隆寺。西城外至卢沟桥之间有旅店、茶楼、酒肆、大车店、民宅等。卢沟桥和拱北城（拱极城）是两处军事要地。卢沟桥为交通咽喉，拱北城为屯兵之地。二者互为依存，相互支持，缺一不可。

"九一八"事变之后，日本侵略军进逼华北，宋哲元将军虽率所部在长城给了日本侵略者以沉重打击，取得了中国人民和中国军队对日作战的第一次重大胜利。但终因得不到政府支持，而泪洒长城。

长城抗战结束后，日寇进逼京津，一步步染指华北。1937年7月7日，驻丰台日军在卢沟桥畔中国守军防区内进行军事演习。演习结束后，日军借口失踪一名士兵（后查明，该士兵上厕所后迷路，不久就归队了），无理要求进入中国军队防守的宛平城搜查，遭到中国守军的拒绝。日军遂向位于桥东的宛平城和卢沟桥发动攻击，并企图强夺卢沟桥。爱国将领宋哲元率二十九军全体爱国将士，在日本侵略军野蛮无理的挑衅和攻击下，忍无可忍，奋起抗击，打响了中华民族全面抗击日本侵略者的第一枪。这就是历史上著名的"七七事变"，或"卢沟桥事变"。

1937年7月7日，驻丰台日军在卢沟桥以北进行挑衅性军事演习，以一名士兵失踪为借口，要求进入宛平城搜查。这一无理要求遭到拒绝，日军当即炮轰宛平县城和卢沟桥。中国驻军第二十九军官兵奋起反抗，击退日军数次进攻。7月7日揭开了全国抗日战争序幕，是中国人民抗日战争纪念日，史称"七七事变"或"卢沟桥事变"。

  1937年7月28日黎明。北平南苑，二十九军军部所在地。硝烟滚滚，炮声隆隆，战斗异常激烈。日军驻团河之第二十师团主力和集结于马驹桥附近的华北驻屯军一部共约10 000人，在40余架飞机和大量坦克的配合下，从东、南两面同时向南苑中国二十九军阵地发动了猛烈进攻。驻南苑的中国军队有二十九军军部直属炮、工、交三营，军部特务旅所属两个团，军官教导团，军事训练团，骑兵第九师之一个团，第三十七师炮兵团及一个步兵团共约7 000人。敌强我弱，处境被动，但二十

卢沟桥保卫战中军队在向日军还击

九军官兵在副军长佟麟阁和南苑方面指挥官第一三二师师长赵登禹指挥下,沉着应战,顽强地抗击着日军的进攻。

日军凭借新式武器,向我军阵地猛烈轰击,飞机在尖厉的鸣叫声中不停地俯冲扫射、投弹。二十九军装备落后,但士气高昂,大家抱着"宁为战鬼死,不做亡国奴"的悲壮信念,誓与阵地共存亡。激战由黎明一直到中午,双方损失惨重。我军毙敌400多人,击落敌机一架,缴获两辆坦克,阵地牢牢地掌握在我军手中。

经过血战,9日早晨,中国军队收复了铁路桥和龙王

佟麟阁将军

庙，全歼日军一个中队。日军在北平兵力不足，畏我全线出击，便假惺惺地提议谈判解决，诡称"失踪日兵业已归队，一场误会希望和平解决"，以此作缓兵之计，等待援军的到来。中国方面当即表示同意，派北平市长秦德纯、冀察政务委员会委员张允荣为谈判代表，同日军谈判。中日双方达成了三条口头协议：一是双方立即停止射击；二是日军撤退到丰台，我军撤向卢沟桥以西；三是城内防务除宛平原有保安队外，并由冀北保安队（即石友三部）派来一部协同担任城防，人数限300人，定于本日上午九时到达接防，并由双方派员监督撤兵。日方不愿在书面协议上签字，停战协定以口头形式出现，这完全说明日方在玩弄阴谋诡计，根本不打算履行协议！

七七事变发生时，北平地区抗日前线的最高指挥官、冀察政务委员会委员长兼二十九军军长宋哲元正在山东乐陵老家"度假"。初闻事变发生的消息，他甚为愤慨，命令他的部队要坚决消灭"当前之敌"。但为了保持自己的实力和地盘，牟取个人更大的权力，他又缺乏坚决抗日到底的决心。在宋哲元对日态度矛盾、徘徊犹豫的影响下，二十九军某些高级将领在"和"与"战"的问题上，也举棋不定。某些将领和日本人关系密切，认为抗日对二十九军毫无益处，只有对共产党、蒋介石有利。因为"打"符合共产党的主张；而蒋介石则可利用抗日

中华爱国人物故事
ZHONGHUA AIGUO RENWU GUSHI

赵登禹将军

之机来消灭二十九军，因此，他们力主和平解决，反对武装抗日。在二十九军还有一些将领如佟麟阁、张克侠、何基沣等，则坚决要求抗战，反对单纯的"谈判"。佟麟阁痛斥了军中犹豫不决的疑战者，在南苑的一次军事会议上，他慷慨陈词："中日战争不可避免，日寇进犯，我军首当其冲。战死者光荣，偷生者耻辱；荣辱系于一人者轻，而系于国家民族者重。国家多难，军人应该马革裹尸，以死报国。"他命令部下："凡有日军进犯，坚决抵抗，誓与卢沟桥共存，不得后退一步。"

北平城外的战事，打打停停，愈演愈烈。日军佯示和议，拖延时间，急调驻关外、朝鲜、本土军队增援。宋哲元由山东赶回平津后，迷惑于日军"和谈"假象，南京政府也未定下坚决抗战的决心，中国军队未能及时集结，佟麟阁等人只能坐守南苑。7月下旬，日军第二十师团和第一、十一混成旅团陆续抵达平津地区，完成进攻准备。7月18日，日军又炮轰宛平城，时局更加紧张。当时日军集结于华北地区的兵力已达10万人，并且不断调兵增援。从20日夜开始，日军采取了大规模军事进攻活动。卢沟桥和宛平县城遭到卷土重来的日军的疯狂进攻。日军的步兵、骑兵，在飞机、坦克的配合下，向我阵地扑来。同时，日军的炮口还指向长辛店，并派飞机轰炸了廊坊。26日廊坊车站失守，敌人迅速占领了北仓、杨村、落垡等车站，平津铁路交通遂告中断。当日下午3点30分，日军向宋哲元面呈最后通牒：

一、三十七师部队，立即在27日以前由八宝山和卢沟桥撤至长辛店。

二、驻北平西苑的部队，在28日以前撤退至永定河以西。

三、所有三十八师部队，立即撤退至保定以南。

通牒声称："如果不实行，则认为贵军未具诚意，而不得不采取独自之行动以谋应付。"一场大战已不可避免。

到了这个时候，宋哲元见"和平"无望，走投无路，才坚定了抗战信心。他一方面电呈国民党南京最高当局，陈述华北局势的严重；另一方面正式答复日方，拒绝一切无理要求，退回日本的最后通牒。宋哲元发表了《决尽力自卫守土通电》，表示在国家兴亡，千钧一发之际，决心固守北平，誓与城池共存亡。并下令设立城防司令部，命冯治安为北平城防司令，张维藩为戒严司令，秦德纯为总参议。急令二十九军集结于平津、沧州等地。还派冀察政务委员会秘书长戈定远星夜驰赴保定，催促万福麟、孙连仲等督师北上，协同二十九军作战。在北平城里，加紧构筑临时工事，准备抗击敌人。

　　7月27日，日本军队发表声明："倘若中国军不全数撤出河北，同样事件之继续爆发完全可能。"日本华北驻

屯军断然宣布："放弃和平之方针。"同一天，日本陆相杉山在议会上发表了颠倒黑白的演说："因华武力妨害，致保护侨民及保护平津间交通陷于危殆，驻屯军已不容隐忍。为遂行其任务及自卫，决定断然膺惩。……日本军部于达到膺惩华军，令其失去战斗精神之目的以前，亦绝不罢手。"日本帝国主义凶相毕露，已决定最后占领平津了。为此，日本众议院决定追加预算军费9 680万日元。

7月27日，日军调动一个步兵旅团，一个炮兵联队，一个机械化旅团，飞机30多架向南苑、北苑、黄寺、沙河、团河等地发动进攻。

28日一早，日军又向二十九军发起了全线进攻，激战在南苑展开了。

隆隆的炮声和飞机刺耳的鸣叫声，把沉思着的佟麟阁将军带回到现实血雨腥风的战场上，午后一时，南苑战斗重新打响了。

碰了钉子的敌人更加疯狂地进攻，他们把对南苑地区的包围圈逐步缩小，有的地方，离二十九军前沿阵地只有四五百米，战斗愈加激烈。佟麟阁、赵登禹在各自的阵地上指挥作战，敌人的狂轰滥炸使各部队间的联系完全中断，无法实现统一指挥。正在焦急中，佟麟阁遇到了军部传令兵，才知道军部已下令：南苑各部队立即撤回城内。由于事先没有统一安排，各部队纷纷撤向北平时，无人指挥，无人掩护，秩序混乱，佟麟阁当即决定到大红门附近去掩护撤退。他率领卫队利用青纱帐，

撤开公路循小径分散前进，不一会儿到达了大红门。佟麟阁指挥自己的卫队首先阻止部队毫无秩序的后撤，命令道："不论哪个部队的士兵，现在统一编队，凡是军官都要出来指挥。慌忙撤退的二十九军官兵见到副军长，情绪一下安定下来，大家按照命令很快组织起来，进行有组织、有秩序地撤退。"佟麟阁还组织一支临时部队，掩护大部队在大红门至红庙之间的一条便道上撤退。佟麟阁亲自到掩护阵地指挥收容，还在大红门东边的小土山设置瞭望哨，观察撤退情况。直到确信自己的部队都已撤退、收容完毕后，他才和卫士们一起向北平城撤去。

这时，日军离他们已经很近了。由于青纱帐遮住了视线，佟麟阁一行没走多远就和一股日军遭遇。对射中，佟麟阁不幸被敌枪射中腿部，顿时鲜血直流，染红了裤脚和鞋袜。部下劝他稍退裹伤，他却不肯后退一步，依然奋勇向前。他刚毅地说："情况紧急，抗战事大，个人安危事小。"带伤坚持战斗，镇定地指挥大家转移。不久，敌机号叫着又飞来疯狂的轰炸，佟麟阁不幸又被炸弹击中头部，倒在抗击敌寇的战场上，壮烈殉国，年仅45岁。他是抗战中最早牺牲的一位高级将领。

佟麟阁将军殉国以后，在中国红十字会的努力下，冀察政务委员会外交委员会在永定门外找到了他的遗体。当时，只见将军浑身血迹，左小臂被炸没了，头、胸、

北平战场中向日军炮击的中国部队

背部满是弹痕，面目几乎辨认不出来了。目睹这一悲壮的情景，寻找遗体的人们都不由痛哭失声。北平沦陷后，抗日英雄无处安葬，柏林寺老方丈仰慕佟将军为国捐躯的精神，冒着生命危险，收留了他的灵柩，并严守秘密直到抗战胜利之日。

南苑方面指挥官、第一三二师师长赵登禹也在战斗中壮烈牺牲了。

南苑战斗打响后，赵登禹亲率部队挥舞大刀，向敌冲杀，日军吓得魂不附体，向后溃逃。南苑一带地势平坦，无险可守，我军完全暴露在敌人炮火之下。正当赵登禹部追击敌寇时，受到日军大炮的猛轰，官兵死伤不少。为了避免无谓的牺牲，遂下令退回原阵地。正在整队后退的时候，日军飞机又来轰炸扫射，赵登禹见后退仍不能减少伤亡，就又下令向日军进攻。激战中，他多处受伤，仍坚持指挥战斗。后奉军部命令率部向北平城内撤退。行至大红门玉河桥时，遭到日军伏击，左臂中弹，血流如注，卫士急忙上前包扎，劝其退出火线，赵登禹毫不理会，仍指挥向前冲杀突围。不久，他又多处受伤，全身中弹20余处，最后战死在沙场上！时年37岁。赵登禹事母至孝，临死仍念念不忘老母。弥留之际，他命令一勤务兵，速返北平市内辛寺胡同，告诉老母："儿忠孝不能兼全，若余不幸，请母勿悲。"

佟麟阁、赵登禹的牺牲给二十九军造成极大损失，引起了很大震动。宋哲元闻噩耗，顿足大哭说："断我手臂矣，此仇不共戴天！"

国民党政府于1937年7月31日追赠佟、赵为陆军上将，并发表褒恤明令："陆军第二十九军副军长佟麟阁、陆军第一三二师师长赵登禹，精娴武略，迭领师干，前于北伐剿匪及喜峰口诸役，均能克敌制胜，卓著勋猷。此次在平应战，咸以捍卫国家、保卫疆土为职志，迭次冲锋，淬励无前，其忠勇足振士气，表率戎行。不幸身陷重围，殁于战阵，追怀壮烈，痛悼良深。佟麟阁、赵

登禹均着追赠陆军上将，并交行政院从优仪恤。生平事迹，存备宣付史馆，以彰忠烈，而励来兹。此令。"

佟、赵两位将军的悲壮事迹，在海外华侨中也产生了极大反响。1937年8月5日，吴玉章在法国巴黎《救国时报》第115期上发表了题为《悼赵登禹、佟麟阁诸烈士》的社论，对佟、赵的英雄行为给予了高度的评价。社论说："赵、佟两位将军为二十九军高级将领。……两将军抗敌守土，奋战至最后一滴血，光荣地完成了保国卫民的天职，足为全国军人的模范。……两位将军为国捐躯的忠勇的气节，足以打破怯懦退缩，贪生怕死的心理，更加激发我无数健儿杀敌制胜的决心。除赵、佟两将军而外，我二十九军将士奋不顾身，阵亡敌人炮火之下的，还不知有若干。这种精忠报国、视死如归的伟大精神，实在是我国军人的最优秀的代表……"

佟麟阁、赵登禹两位将军，面对强敌，毫无惧色，以劣势之师，同强敌展开殊死搏斗，给敌人以沉重打击，表现出中华民族不甘于屈服于敌人的民族自强精神；他们的牺牲，激励着广大的国民党爱国官兵和全国人民奋起抵抗日寇的侵略。他们是中国军人的楷模，体现的正是我们中华民族的民族魂！

"卢沟桥事变"标志着中华全民族抗日战争的开始。从此，中国人民团结起来，前仆后继，与日本侵略者进行了十四年英勇斗争，终于在1945年打败了日本侵略者，取得了民族解放的最后胜利。同时，抗日战争也使中国战场成为世界反法西斯战争中的一个重要战场，为世界反法西斯战争的胜利做出了重大贡献。

← 佟麟阁将军墓

← 赵登禹将军墓

名将的戎马生涯

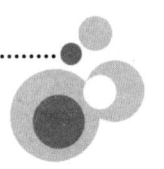

佟麟阁、赵登禹，都是西北军名将，是冯玉祥多年的袍泽和爱将。二人在北平牺牲时，冯玉祥正在南京担任国民政府军事委员会副委员长的职务。冯将军得知佟、赵二人殉国的消息悲痛不堪，辗转反侧，彻夜不眠，在自己戎马倥偬的半生中，佟麟阁、赵登禹两位爱将总是紧随左右的。老将军不由得思绪万千……

佟麟阁出生于河北省一个农民家庭，少年入私塾，就读于舅父胡光先生门下，读经学史。后历任国民革命军第2集团军第35军军长，暂编第11师师长，察哈尔抗日同盟军第1军军长，国民革命军第29军副军长兼抗日军事训练团团长。国民革命军陆军中将衔。1937年"七七事变"时，指挥国民革命军第29军浴血抗战，壮烈殉国，是全面抗战爆发后捐躯疆场的第一位高级将领，7月31日南京国民政府追授陆军二级上将衔。

民主革命时期，1908年18岁时经人介绍到高阳县公署当缮写，接触到一些官场内幕，激起对贪官污吏的不满。1912年得知冯玉祥在河北地区募征新兵便弃职投军，与刘汝明、冯治安、孙良诚等一起投于冯玉祥麾下，不久任左哨哨长。随冯玉祥南征北战，由排长到连长、营长不断提升，参加了护国讨袁战争。1922年任冯玉祥部陆军检阅使署高级教导团团长。

1913年，冯玉祥任备补军左翼第一旅旅长兼第一团团长时，佟麟阁在第一团当排长，他抱定要为久受苦难

佟麟阁将军故居

的中国人而牺牲的信念，克尽军人保国卫民的天职。冯玉祥曾在《模范军人问答》中这样评价佟麟阁："他是一个能克己，能耐苦，从来不说谎话。别人都称他为正人君子。平素敬爱长官，爱护部下，除了爱读书。没有任何嗜好。"他在高级教导团学过一年高级战术，对于学术肯费工夫来研究。

1914年，佟麟阁任第十六混成旅第一团第三营第二连连长，驻防陕西。赵登禹在该连入伍。佟见赵骁勇过人，遂结生死之交，后来赵当了冯玉祥的随从卫兵。1917年，驻防廊坊，参加冯玉祥领导的"廊坊起义"。张勋被击败后，佟麟阁任第一团第一营副营长；1920年，任第四团的营长，驻防湖北；不久又调驻信阳。在驻信阳时，冯玉祥部因不属直系，又未参加直皖战争，而得不到吴佩孚的薪饷供应。官兵以盐水和杂粮勉强度日。佟麟阁常以"饿死事小，失节事大"和"真爱民，不扰民"的道理，勉励该营官兵，严守军纪，同甘共苦，共渡难关。他还带领全营兵为信阳城区，翻修街道，两旁植树，造福于民。1921年，冯玉祥入陕打败陕西督军陈树藩后，第十六混成旅扩编为陆军第十一师，佟麟阁在该师第二十二混成旅第一团任营长。

1922年，第一次直奉战争起，冯玉祥打败河南督军赵倜，自任河南督军后，即扩充和整顿军队，编练了两个补充团，每团两千人，佟麟阁升为团长，隶属宋哲元的第二十五混成旅。不久，冯玉祥任陆军检阅使，部队开驻北京南苑。佟麟阁任第二十五混成旅第一团团长，在冯部的"陆军检阅使署高级教导团"带职受训一年。他勤奋学习，名列前茅。每日课毕，仍然不顾疲劳地处理团务，受到好评。1924年，佟麟阁升任陆军第二十五混成旅旅长。

冯玉祥在第二次直奉战争中，发动北京政变，佟麟阁前往增援。孙岳部攻取保定，一战而击溃曹部，使得徐永昌、庞炳勋两部合围保定，迫使曹世杰开城投降。10月24日，冯玉祥抵京，决定组织国民军。佟麟阁任该

冯玉祥、赵登禹、佟麟阁等高级将领合影。

军第十一师二十一混成旅旅长。1925年苏联顾问来到国民军，扩大编制，把步兵编为十二个师。佟麟阁升任第四师师长。

冯玉祥

奉军郭松龄因不满张作霖勾结日本，率部起义，密约冯玉祥联合反张。冯玉祥命令佟麟阁第四师与宋哲元进攻热河。佟麟阁在占领滦河后。冯玉祥任命他为滦河防守副司令（司令为郑金声）。12月，佟麟阁又参加天津战役，消灭奉系军阀李景林。

1926年，段祺瑞等借口国民军"赤化"，组织讨赤联军，纠集五十余万之众分五路向国民军进攻。4月15日国民军被迫撤出北京，主力退守南口附近。此时冯玉祥已赴苏联考察。由张之江任国民军总司令。佟麟阁任国民军第十一师师长。该师辖第三十一、三十二、三十三旅。佟麟阁与刘汝明的第十师防守南口、青龙桥、延庆一带阵地，张作霖、吴佩孚联介山西阎锡山等集中优势兵力，配备坦克、钢甲车新式武器，向第十一师与第十师发起猛攻，战事持续半年之久。

佟麟阁在接受防守南口、延庆方面的任务后，即召集有关人员研究作战方案。他对形势的分析是：第一，吴佩孚等倒行逆施，早已引起国人公愤。这一次师出无名，得不到老百姓的拥护。第二、吴佩孚、张作霖、阎锡山三家是合股公司，各有各的打算。打了胜仗，他们能够暂时凑合在一起，一旦打了败仗，就会出现矛盾，甚至于各奔前程。第三，南口一带形势险要，我们居高临下，以逸待劳，有制敌取胜的把握。据此只要选好阵

地，巧妙地构筑工事，善于捕捉战机，用各种办法消耗敌人，打击敌人，完全可以少胜多，坚守阵地。

他详细察看了地形，经过研究后决定：（一）构筑两个阵地，一真一假，在假阵地设置着军装的草人，若隐若现地做瞭望或守备阵地的状态；用各种粗细树干，涂上保护色，伪装成各种火炮；在其间也配置一定数量的真炮，间或用以向敌人射击，以迷惑敌人。（二）在阵地前和阵地间的开阔地上设置地雷区和陷阱，阻敌坦克进攻。只要敌先头坦克触雷，后面的坦克稍为迟疑的瞬间，则集中炮火向坦克及其后面的步兵轰击。（三）根据南口有电源的有利条件，在阵地前架设电网两条：第一条上安装照明设备，如电网上的灯光熄灭，即知敌人破坏了第一条电网，等到敌人进入第二条电网之时，把闸门一开，使来犯的敌人触电死亡。（四）在主阵地前方三、四十米处，依据地形情况构筑强固的地堡群，在每个地堡里配备两挺机枪。（五）敌人如果同时开出三、四列钢甲车向我阵地轰击，我利用居高临下的有利地形，用四十吨的车皮满装石子，由青龙桥车站迅速滑下，两车相撞，使敌人车毁人亡。

在作战中，佟麟阁灵活地运用战术打击敌人：有时乘敌人不备突然出击；有时摸清敌人作战规律派人伏击对方；有时派出部队佯攻，然后诱敌深入而聚歼之；有时放风说弹药给养奇缺，待敌人大举进攻时，即以强大的火力予以杀伤、这些都显示了他的指挥才能。8月，国民军终因力量不支，导致南口兵败。张之江总司令命令佟麟阁和刘汝明两师西撤。佟麟阁的第十一师先至五原，后进甘肃。

1926年8月，冯玉祥从苏联回国，举行"五原誓师"响应北伐，宣布全军官兵加入国民党。当时，国民军的杨虎城等部被吴佩孚的刘镇华部包围在西安已达八个多

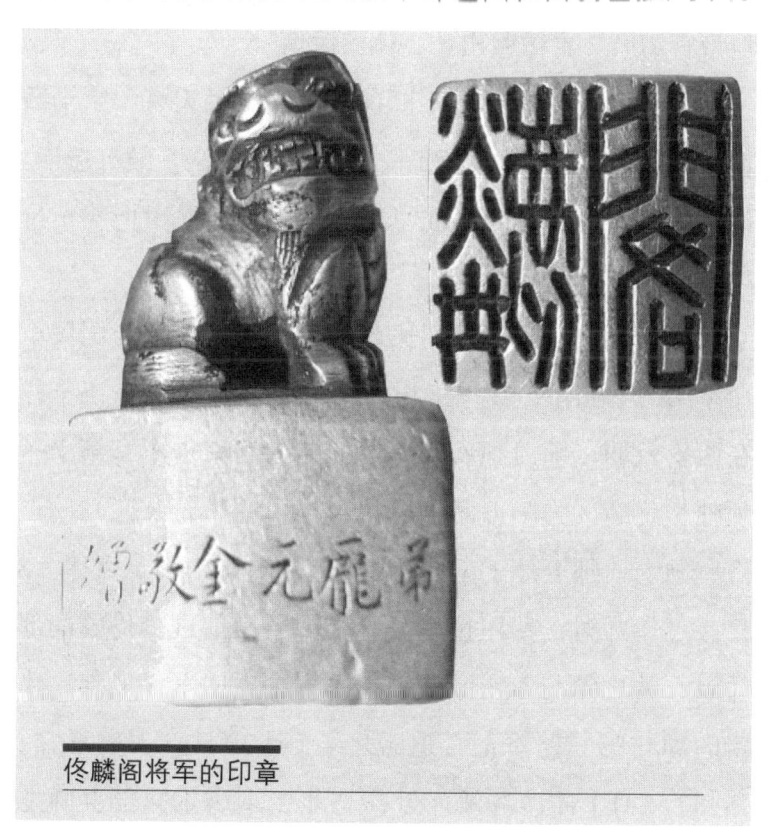

佟麟阁将军的印章

月之久，危在旦夕。冯玉祥派出主力，星夜驰援。国民军第一军十一师佟麟阁部及吉鸿昌第五军为先头部队，由五原经宁夏至平凉，经邠州到乾州，急赴咸阳。先解赵登禹部之围，尔后进军西安，击败刘镇华部，解除了西安之围。

1927年，佟麟阁驻军天水，兼任甘肃省陇南镇守使。致力于刷新政治，兴办地区福利，厉行禁烟禁毒，提倡妇女放足，创建学校和孤儿院等慈善事业，深得民心。他为官清廉，常微服出访，体察民情。

佟麟阁性情恬退无竞，喜爱书法。每天写大字十数篇，除战争紧急，从不间断。因而他的书法，颇有造诣。他的墨宝，有一册现存北京中国人民革命军事博物馆抗战纪念馆。

宁汉分裂后，武汉国民政府将国民军改编为国民革命军第二集团军，任冯玉祥为总司令。5月1日，冯玉祥在西安就职，随后把所部分为五路向河南进军，第十一师师长佟麟阁为第五路副总司令（司令为石友三）。石、佟率领十一师等部于5月东出潼关，攻占洛阳、孟津。8日，过偃师时，奉军援军至，企图阻其前进。佟麟阁部凭黑石关之险与奉军激战，奉军不支，向孝义退却。佟麟阁即与第三路军汇合追击之。5月30日，占领孝义、郑州。6月1日，占领开封，与北伐军唐生智部会师郑州。尔后在豫、鲁两省与奉、直军继续作战，战无不胜。1928年1月，国民党南京政府再次北伐。佟麟阁任第二集团军第三十五军军长兼第十一师师长。转战于豫、鲁、冀各省，屡立战功。

同年，佟麟阁率第十一师进驻甘肃河州，被马仲英包围。马仲英系回族，凭借宗教的有利条件，处处与他为难。他再三考虑，认为动用武力，必然酿成民族争端，于大局不利，因而处处退让，致使第十一师蒙受损失。事后，他为自己姑息马仲英，处置失当，遂引咎辞职。10月，佟麟阁先赴兰州休息，一度解甲归田，回原籍高阳县边家坞村居住，侍奉双亲。边家坞村水质不好，遇上干旱年头，乡亲连苦水也难喝上。佟麟阁为了乡亲，

佟麟阁革命烈士证书

挖井三眼。自此，大家才吃上甜水。直至今日，仍有一门井可供使用。过年时，他对凡吃不上饺子的乡亲，每户接济三块银圆。乡亲缺乏畜力耕地，他就买了一头牛，每天喂饱后，拴在门外树上，供乡亲使用。他还办下一所小学，派人到高阳县城买回一车直贡呢，给每个学生缝制一身新衣服。

1929年1月，南京国民政府召开整编会议，冯玉祥的第二集团军为第二编遣区辖十二师。佟麟阁重被起用，任整编以后的第十一师师长。1930年中原大战期间，佟麟阁奉冯玉祥之命，在西安建立新一军，任军长兼第二十七师师长，负责召集西北军旧部，招募新兵，积极训练，巩固后方。

佟麟阁善于练兵，冯五祥曾称赞"佟善练兵心极细"。他常讲述历代民族英雄的事迹，以培养官兵爱国爱民的精神。他说："我们是为老百姓看家护院的。我们吃的、穿的、用的，都是老百姓的血汗换来的。我们的父母、兄弟、姐妹都是老百姓。我们只有保护老百姓的责任，绝不能有骚扰他们的行为。老百姓的一草一木，谁也不能强取擅用，否则就是扰民，就要受到纪律处分。尤其在战争时期，我们需要老百姓帮助的地方很多。如有所需求，一定要和颜悦色地商量；买东西要按价付钱；借东西要打借条，用后归还，损坏赔偿，这是西北军的纪律。不能以为手中有枪，就横不讲理。'得民者昌，失民者亡。'我们脱离了老百姓，什么事；情也办不成。"

他要求官兵之间，亲如手足，情同骨肉，他经常与士兵亲近，了解他们在想什么。如一旦发现士兵有饮食减量或夜不安眠的情况，就要查明是偶然患病还是接到家信，情绪不安。弄清真相之后，对患病的就医治，家庭有困难的就救济，务使士兵安心服役，还重视士兵的文化和技能教育，要求不识字的士兵，在两三年内务必达到能自己写信、能读书报的水平，并学会一些生产技能，以便退役后的生活。

他要求军官，不但要精通技术，还要有一定的理论知识；要在现场亲自指挥训练，切不可把日常操课委之于下级。他的旧部佟泽光回忆说："佟将军在二十五混成旅任团长时，曾在野外召集各级军官亲自做各种示范动作。那一次我也参加了。他作了瞄准、投弹、射击、利用地形地物等各种基本动作。他一面讲解要领，一面做示范。不但动作准确，而且所讲要领，深入浅出，大家都听得懂。他做完了示范动作以后，就让大家练习，然后找出各种类型的军官加以评比，效果良好。我还记得他讲评中的一段话，他说："只有平时把部队训练好，战时才能杀敌制胜。如果训练时松松垮垮，到了作战的时候，无异把一群穿着军装的老百姓弄到战场上去送死。

艺高胆大，一个优良的射手，遇到有十个敌人在距离他二百米处向他猛扑过来，他能够毫不畏惧。因为在战地跑步，二百米的距离需要一分钟。一分钟时间内可以射击十发子弹。这十发子弹弹无虚发，十个敌人就可以全部被消灭，还怕什么呢！"

在训练和作战时，佟麟阁做到有功必赏，有过必罚。他对于犯错误的官兵，打破西北军的惯例，一向不准肉体惩罚。官兵的问题严重，但没有触及刑律，便责令他们在适当的场合检讨，并提出个人改进措施；凡能认识错误并决心改正的，就不追究；对于官兵的一般错误，主张私下规劝，不再公开批评。

当西北军在中原瓦解及蒋军分遣数路轻快部队疾驰入陕时，佟麟阁虽兵员不足一师，武器奇缺，仍表示愿意固守西安。后方总司令刘郁芳命令佟麟阁率部到三原集中。佟部于当日傍晚陆续离开西安。不料行至草滩时，骤降暴雨，彻夜不停，河水暴涨，新架桥梁亦被洪水冲垮，被阻于泾河以南。佟麟阁百般鼓励官兵，尽力设法强渡。翌晨雨虽暂停，而沿途泥泞不堪，行动迟缓，受阻于蒲城。佟得到情报，杨虎城部已抵潼关。行军必经之大荔亦为杨部据守。在这进退维谷之际，杨部的团长赵寿山来与刘郁芬联系，表示负责护送过黄河，而以刘所属部队交杨虎城收编为条件。佟麟阁遵刘郁芬的命令，

山海关保卫战的抗日军队

交出二十七师。然后由杨的团长段象五护送刘等渡河入晋。佟麟阁由陕入晋后，住于阳泉。不久，他与冯玉祥一同住在峪道河过着隐居生活，每天与冯一起读书练字，探讨军事政治斗争的经验教训，并聆听进步人士和共产

中华爱国人物故事
ZHONGHUA AIGUO RENWU GUSHI

当时国民军使用的武器

党人的讲课。他们有时也上山打猎，过着清闲的生活。

　　1932年8月，宋哲元任察哈尔省（今内蒙古自治区）主席。佟麟阁受宋的邀请担任察哈尔省警务处长兼领张家口公安局局长。他见军警往往不遵法令，拘押人民，滥行处罚，便颁发禁令，严饬各县局，遇有案件，非法律所规定的，一概不准处罚，作弊者一律严办。并通过招考，挑选外事警官；整理警官补习所，自兼所长，训练男女军警二百七十六名，造就警材。不久，宋哲元奉命率部赴冀东集结待命，委托佟麟阁代理察省主席兼张家口警备司令。张家口地处塞外，奸细浪人潜伏，伺隙窥发，但慑于将军威武不敢蠢动，半壁河山得以安全。一天，他带领他的几个孩子骑马列赐儿山，坐在山坡上，遥望东北，顿感祖国江山破碎；深沉地慨叹说："现在如果多几个岳飞这样的人，小日本哪敢这样猖狂？"不久，他便在张家口修建岳飞庙一座，勉励军民以岳飞为榜样，精忠报国。振奋民族精神，保卫国土。

  是年5月，冯玉祥通电全国，号召进行武装抗日。在此之前，冯玉祥于1932年10月由山东泰山到张家口找佟麟阁磋商组织同盟军等问题。佟夫人因事先不知，未做准备，问如何接待冯先生。佟麟阁说："还是照旧用小米面窝头，外加大萝卜咸菜招待他。"冯玉祥吃得很香甜，并夸奖说："你不愧是我的好部下，做了大官还没丢失农民的本色。"

  冯玉祥告知此来是决心走武装抗日道路的意图时，佟麟阁极表拥护。从此，他们共同策划，为救亡图存，做积极准备。当冯玉祥与佟麟阁会商组织抗日同盟军时，佟麟阁兴奋地挥笔书写王昌龄的《出塞》诗句：

  秦时明月汉时关，万里长征人未还。
  但使龙城飞将在，不教胡马度阴山。

  以示决不准许日本鬼子跨越长城一步。

1933年5月23日，日本关东军参谋长小矶国昭向路透社记者发出狂妄叫嚣："为保卫'满洲国'西境安全，日军有进驻张家口之必要。"察省形势，益行危急，察哈尔省民众抗日同盟军总司令冯玉祥于26日发表抗日通电。同日，佟麟阁、高树勋等十四名将领在张家口联名通电，响应冯玉祥的号召，参加抗日同盟军。内称：奉读宥电，慷慨陈词，抑郁精神，大为振奋，表示今后愿在冯总司令领导之下，团结民众，武装民众，誓以满腔

热血，洒遍疆场，保我河山，收复失地。冯玉祥任命佟麟阁为抗日同盟军第一军军长，仍代理察省主席。第一军辖四个师及一个独立旅，这是支抗日同盟军的基本队伍。在6月15日召开的抗日同盟军第一次代表大会上，成立了同盟军军事委员会，选举了委员三十五人，常委十一人，佟麟阁是委员和常委之一。

6月20日，佟麟阁、吉鸿昌、方振武等二十六名将领联名通电表示：为民族生存而战斗，应民众要求而奋起，敢对国人一掬肺腑。凡与敌人同一战线者皆为吾仇。并宣布：重整义师，克日北指，克复察省失地，再图还我河山，……四省不复，此心不渝。佟麟阁积极与北路前敌总指挥吉鸿昌，北路前敌总司令方振武等密切配合，并派出第一军的第二师受吉鸿昌指挥，出兵张北，猛烈攻击敌伪军，先后收复康保、宝昌、沽源，又乘胜挺进，7月12日克复多伦。共击毙日军茂木骑兵第四团及伪军李华岑等千余人。抗日同盟军军威大振。佟麟阁在此期间，治军理政，运筹帷幄，筹备军需，安定后方，出版《国民新报》，宣传抗日主张，组织民众武装，担任前方运输，救护伤员，收容难民，殚精竭虑，甚获察省军民的爱戴。

对日作战，加上蒋介石、何应钦的军事压迫，使抗日同盟军腹背受敌。察省地瘠民贫，补给也极其困难。

冯五祥迫不得已，乃于8月5日发出通电，把收复国土，交诸国人。15日离开张家口。至此，深为日寇所恐惧的察省民众抗日同盟军不幸夭折。抗日同盟军被迫撤销后，宋哲元回察主政。佟麟阁深感抗日之志未遂，而山河破碎，国运垂危，不胜悲愤，于是退居北平香山寓所，与家人团聚，奉养双亲。寄情于研读圣经、周易，写字、摄影、打猎，以待报国时机。

在隐退期间，宋哲元再三敦请佟麟阁出山，负责军事。第二十九军的师长冯治安、赵登禹、张自忠、刘汝明等亦联袂相邀。此时平津大学生和人民群众的抗日救亡运动，在共产党的号召下，日益激昂。佟麟阁感到抗日救国之日到来，于是欣然出山。回任第二十九军副军长兼军事训练团团长（教育长为张寿龄），还兼大学生军训班主任，住南苑二十九军军部，主持全军事务。整军经武，夙夜匪懈。他曾对人说"中央如下令抗日，麟阁若不身先士卒行，君等可执往天安门前，挖我两眼，割我两耳"。神情激越，闻者热血沸腾。全国有志抗日救国青年，慕将军坚决抗日的声誉，或跋涉千里，或从海外归来，有的就是抗日同盟军的干部和共产党员，都来参加第二十九军，入军事训练团受训。宋哲元负责维持冀察政局，被外敌内奸威胁引诱，进退两难，穷于应付，便借为父亲修墓和养病为名，于1937年2月底离干，而以佟麟阁代理军长职务，直接负军事指挥之责。佟麟阁身负二十九军指挥重任，乃时时以国家处境之危，二十九军责任之重，教育官兵，使明战伐，他还随时将敌我情况报告中央和冯玉祥（这时冯玉祥在南京任"军事委员会副委员长"），使上下无所隔离。他与冯治安、赵登禹、张自忠、刘汝明诸师长精诚团结，以共同御敌，二十九军将士之所以拼命赴敌，多得力于佟麟阁的明耻教战。

1937年7月6日，日军驻丰台的清水节郎中队，全副武装，要求通过宛平县城到长辛店地区演习。宛平第三十七师驻军不许，相持达十余小时。二十九军当即做了应变准备，严阵以待。至晚，敌始退去。7日夜间，日军一个中队突然向芦沟桥守军发起攻击。佟麟阁代军长立即命令三十七师一一〇旅旅长何基沣自卫还击。该旅吉星文团金振中营遂奋起抵抗。卢沟桥的枪声，响彻了大地，全民族的八年神圣抗战，从此开始。

二十九军全体将士对日寇的猖狂进犯，皆怒不可遏，争请杀敌先登；仅个别徘徊于和战之间，犹豫不定。佟麟阁力排干扰，主张万众一心，痛歼日寇，守卫疆地。他在南苑召开的军事会议上慷慨陈词："中日战争是不可避免的。日寇进犯，我军首当其冲。战死者光荣，偷生者耻辱；荣辱系于一人者轻，而系于国家民族者重。周

中华爱国人物故事
ZHONGHUA AIGUO RENWU GUSHI

家多难，军人应当马革裹尸，以死报国。"与会者一致拥护，请缨杀敌，佟麟阁以军部名义向全军官兵发布命令：凡有日军进犯，坚决抵抗，誓与卢沟桥共存亡，不得后退一步。

7月7日，卢沟桥战斗，8日上午10时稍停。11至12时，日军两次向卢沟桥发炮一百八十余响，卢沟桥车站附近被敌占领。同时敌人又由永定河东岸向西岸进攻。企图强夺卢沟桥。桥西金振中营守军一个排，顽强战斗，全排壮烈殉难，宛平城西门城楼某连长见之，怒火满腔，不待命令，即派兵一排，手持大刀，飞速驰援，一遇日军，举刀就劈，杀得鬼子鬼哭狼嚎。当时《北平时报》登载一篇文章说："佟副军长善治军。二十九军纪律严明，勇于作战。而于老百姓则秋毫不犯，佟将军训练之力也。当'七七'后，军士于烈日下守城，每一队前，置水一桶，用开水以止渴。商民感激欲泣，竞献西瓜，坚却不受。对老百姓恭而有礼，杀敌则勇猛无伦，堪称模范军人。"

7月12日，《世界日报》以《日贼侵犯宛卢，被我军击退；廿九军之大刀队大杀日贼》为标题，报道二十九军战果如下：

（一）11日，日军二百多名，进攻大王庙，被宋部大刀队迎头痛击，血肉相搏，此队日军被砍断头颅者三

分之一，人心大快。

（二）日军新开到之援军，昨日图攻南苑。二十九军大刀队急向日军冲锋，相与肉搏，白刃下处，日军头颅即落，遂获大胜，日军向丰台退却。

（三）日军前锋，昨拟沿铁路桥攻过永定河。华军对河隐伏，不发一枪，迨日军行近，大刀队突起，挥刀大杀，日军头颅随刀而下。后路日军大乱，纷纷溃退，华军即用机关枪扫，日军伤亡无数，两军肉搏，历两小时之久。

二十九军大刀队，从喜峰口战役到卢沟桥抗战。屡建奇功，赫赫有名。上海从事救亡运动的著名音乐家麦新为他们所感动，谱写出歌颂二十九军大刀队的战歌《大刀进行曲》，它鼓舞着亿万军民在十四年抗战中英勇杀敌，今天仍为军民所喜欢的爱国歌曲：其原词为："大刀向鬼子们的头上砍去，二十九军的弟兄们！抗战的一天来到了！抗战的一天来到了！前面有东北的义勇军，后面有全国的老百姓。咱们二十九军不是孤军。看准那敌人，把它消灭！冲啊！大刀向鬼子们的头上砍去。杀！"

11日，日本政府任香月清司为华北驻屯军司令。中日两军在卢沟桥一带战事不断。此时，借口避住山东原籍的宋哲元返回天津后，又受到日方压迫和汉奸包围，妄重和议，欲求苟全。佟麟阁目睹危机即发，事不宜迟，

大刀队出发前的留影

急电宋哲元，陈述利害，请其返平坐镇，免为滓沽众人出卖。不料秦德纯等人与日谈判签订了停战协定。宋哲元轻信秦等说日本决心把此次事件作为"地方化""就地解决"的"不扩方针"，于12日发表了力主"和平"解决的看法和主张，承认了秦德纯所签订的停战三项协定。19日，宋哲元由津返平后，仍幻想和平，竟下令打开封闭的城门，撤除防御沙包等。佟麟阁力持不可，说："军长苟有不便，请回保定，以安人心。平津责之麟阁。如敌来犯，我决以死赴之，不敢负托。"宋从佟请，决心抗敌，于是急凋赵登禹师星夜来北平增强防务。

27日，宋哲元通电表示：日人欺我太甚，不可再忍，

拒绝日方一切无理要求，为国家民族生存而战。同日宋哲元令南苑二十九军军部迁入北平。佟麟阁在生死存亡关头，不愿离开，决心与南苑官兵和军事训练团的学员、大学生军训班的学生等一同死守南苑。而由副参谋长张克侠带领军部人员进城。同日，敌人由廊坊进犯团河，由通县（今通州区）、丰台调集陆空军于28日进攻南苑。当时南苑守军有二十九军卫队旅、骑兵第九师留守的一部、军事训练团、平津大学生军训班等共五千余人。佟麟阁誓死坚守。他说："既然敌人找上来，就要和它死拼，这是军人天职。没有什么可说的。"日寇集中火力，刚步炮射击、飞机狂炸，战斗激烈。守军虽炮械较敌为劣，但士气却异常高昂，争夺由拂晓至过午，双方伤亡均惨重。战斗中忽报大红门发现敌人。佟麟阁恐敌截断北路，乃分兵亲往堵击。因寡下敌众，部队被敌四面包围，只能利用地形，继续与敌苦战。佟辚阁在指挥右翼部队向敌突击时，被敌机枪射中腿部，部下劝他稍退裹伤，他说："情况紧急，抗敌事大，个人安危事小。"执意不肯，益奋勇当先。官兵感泣，拼命冲杀，此战惨烈，死伤惨重。日军见久攻不下，便派飞机前来助战，在敌机的狂轰滥炸中，带伤指挥作战的佟麟阁头部又受重创，终于壮烈殉国，时年45岁。

佟麟阁将军是中国民族抗日中为国捐躯的第一位高

喜峰口战役

级将领，他的遗体，由中国红十字会、冀察政委会外交委员会秘书欧秋夫率警卒十余人于7月29日在大红门寻获。佟将军全身浴血，两目模糊难辨。忠骸运回北平城内，佟夫人及其子女含悲收殓，隐姓埋名，寄厝于雍和宫附近柏林寺。老方丈仰慕将军为国献身精神，保守寄柩秘密，直到抗战胜利。

赵登禹字舜臣，1898年生于山东菏泽赵楼村，少年时因家境贫寒，未入私塾读书，在家务农并练习武术，对太极、八卦、少林等各种拳术及刀、枪、剑、棍诸种兵器都有研究，尤其是徒手夺刀，赤手夺枪，真杀真砍，更是令人看了惊心触目。1914年，赵登禹和兄长赵登尧

中华爱国人物故事
ZHONGHUA AIGUO RENWU GUSHI

有恒先生

窮經安有息肩日
抗日即為絕頂人

馮玉祥
三八九二六

徒步千里，历尽艰辛，风尘仆仆地来到西安，投奔冯玉祥部队，在第十六混成旅第一团三营二连当了兵，连长就是后来与他一同殉国的佟麟阁将军。1916年，冯玉祥的部队调到平津间的重镇廊坊驻防，他被冯玉祥看中，调到身边当护兵。1919年春夏之交，冯玉祥部驻防湖南常德，城北德山和石板滩时曾闻有虎伤人畜。有一次，赵登禹和战友们在德山练习野战，训练中发现了一只猛虎，士兵与山上居民边追边打，赵登禹冲在前面，连发数枪，皆击中老虎的要害，最后，老虎窜到江中。士兵们把老虎拖了上来，送到冯玉祥处，冯玉祥很高兴。事后冯玉祥请城里的照相馆为赵登禹照了一张骑在虎背挥拳的照片。1937年7月28日赵登禹在北平抗战牺牲。31日，冯玉祥在南京找出这张照片，题写了"民国七年（1918年）的打虎将军"，以示纪念。1921年，冯玉祥在陕西剿匪时，摆下了"鸿门宴"，要在酒席上擒拿当地匪首郭坚。不料尚未"摔杯为号"，伏兵争看众人斗酒竟挤倒了屏风，暴露了计谋。就在郭坚欲拔枪射冯之际，赵登禹出手制服了郭坚。因下手迅猛，竟然拧断了郭坚的脖子。1922年春，第一次直奉大战爆发。赵登禹在孙良诚团任尖兵排长，攻打奉军炮兵阵地。赵登禹骁勇善战，和大部队一起，攻下奉军阵地，缴获大炮百余门，全胜而归，遂升任第一连连长。同年11月，冯玉祥就任陆军检阅使，将部队驻扎在北京南苑，开始了著名的"南苑练兵"。1924年秋，第二次直奉大战爆发。冯玉祥对曹锟、吴佩孚的穷兵黩武早已深恶痛绝，便联合胡景翼、孙岳等人，不费一枪一弹，完成了首都革命，将贿选总统曹锟囚禁在中南海延庆楼，将清朝末代皇帝溥仪驱逐出故宫。随后，将北洋陆军改称为国民军，赵登禹任连长，冯玉祥任总司令兼第一军军长。1925年秋，第二师师长刘郁芬奉冯玉祥之命，率部赴兰州出任甘肃督办一职。原甘肃督军陆洪涛手下的第一师师长李长青野心极大，意欲消灭刘郁芬部。刘郁芬察觉后，先下手为强，设宴诱捕李长青及李部营长以上的军官。刘郁芬挑选了赵登禹、梁冠英等数十名中下级军官，一律装扮成士兵，埋伏在宴会厅四周。应邀而来的李长青等人刚刚就座，伏兵便冲进大厅。赵登禹首当其冲，扑到李长青身旁，将其擒住。李长青竭力反抗，但赵登禹身高力大，将李长青双手扭到背后，并缴下李长青的手枪。李部其他军官也被梁冠英等人一一制服，束手就擒。三日后，李长青和他的第一旅旅长被秘密处死。1927年任旅长，东出潼关，攻克河南。1928年任二十七师师长，转隶第四方面军宋哲元部。1929年国民党军缩编，任二十八旅旅长。1930年，赵登禹跟随冯玉祥参加了"中原大战"，中原大战结束后，冯玉祥的部队被整编，随宋哲元入山西，被张学良收编，任第二十九军三十七师一〇九旅旅长，驻山西辽县一带练兵。

1933年初，日军发动侵略东北的九一八事变后又将战火引到了长城一线，日本侵略军侵袭热河省，攻占了承德后，开始向长城各口发动大举进攻，企图侵占华北。国民党当局被迫应战，赵登禹奉命率领一〇九旅从蓟县（今蓟州区）出发，把守喜峰口阵地。面对日军的猛烈攻击，赵登禹率领战士多次与日军展开肉搏战，击退了日军的攻击，坚守住了长城阵地。由于喜峰口是石头山，无法构筑掩体工事，守军在日寇大炮猛轰下伤亡惨重。为消灭敌军，赵登禹利用敌军警戒疏忽，率部从两翼迂回敌人侧后，进行包抄袭击，打得敌人措手不及，死伤甚众。激战数日，敌人多次攻击不果，锐气尽挫。

喜峰口

喜峰口长城

日军乘其长驱之锐，以炮空联合的炽盛火力，疯狂地向二一七团发起进攻。该团则依有利地形，充分发挥近战火力，屡次歼灭敌军于阵前。战至夜晚，几经肉搏冲杀，双方伤亡惨重。夜深，日军又增调5 000余人，拟定翌日晨9时，再次发起猛攻。在此危难之际，赵登禹被委任为喜峰口方面作战军前敌总指挥，率后续主力部队以日行160里的长途急行军先敌一步赶到。两军夹山为阵。日军对赵部阵地，上以飞机狂轰滥炸，下以炮火猛烈轰击。霎时，山崩石飞，硝烟弥漫。赵登禹沉着镇静，采用诱敌之计，命士兵悄悄离开战壕，伏卧各峰峦幽僻之处，以避其锋。日军轰炸长达3小时之久，赵军始终未还一枪一弹。日军指挥官以为赵部均已丧生，于是令步兵蜂拥而上。此时天色昏沉，黄沙扑面。赵登禹命所属官兵乘敌炮火暂停之时，屏息悄然返回战壕，待日军离战壕数十步时，从烟火中一跃而出，一声呐喊，万刀齐挥，与敌军血肉相搏，几经进退。这时，赵登禹左腿负伤，卫兵赵清山脱下白衬衣为之包裹，劝他退后指挥。他说："肢体受伤，是小纪念，战死沙场，才算大纪念。"依然率众奋进。此役日军寸土未得，反被消灭大半。11日傍晚，赵登禹分析了两日战况，制定了兵分两路，跳至敌后方案，并在阵地上召集了营以上官长会议进行动员。他说："抗日救国，军人天职，养兵千日，报国时至。只有不怕牺牲，才能救亡。今夜我们绕至敌后，要与日军拼个你死我活，让小日本知道我中华民族还有不怕死的军队。"参加会议的团、营长，纷纷表示坚决执行夜袭方案，予敌以歼灭性打击。

国民军与日本军队作战

3月10日，负伤的赵登禹得知日军正在休整，马上召集团、营长们开会，决定乘日军不备偷袭日军营地，并激励战士们说："抗日救国，乃军人天职，养兵千日报国一时，只有不怕牺牲，才能为国争光。"有勇有谋的赵登禹在3月11日夜，派出两个团，并亲率其中一个团，出潘家口绕至敌后，去夜袭敌炮兵阵地。赵登禹亲自挥刀上阵砍杀，两口价值180块银圆的战刀均被砍缺了刃口，左腿在战斗中又负轻伤。此战砍杀鬼子500余名，炸毁大炮18门，成功缴获了大批武器、弹药。取得了自九一八事变以来的首次大胜，史称"喜峰口大捷"。中国军队取得喜峰口战役胜利。喜峰口战役，共歼灭日军五六千人，狠狠地打击了敌军的嚣张气焰。战后，赵登禹因功升为一三二师师长，又于次年提升为中将。

长城抗战后，第二十九军被调回察哈尔省驻防，赵登禹因战功卓著被擢升为一三二师师长，并被授予陆军中将军衔。1933年秋，二十九军入察，赵登禹率领一三二师驻防张北县，遂令二一七团向独石口、沽源进军，驱逐李守信的骑兵部队，并驻守该地。在此期间日本驻屯军为了吞并察省，经常派特工人员窜扰独石口、车棚子、小厂、张北县等地，进行挑衅。秉性刚烈和民族自尊心极强的赵登禹无法容忍日寇对我国的侵略，一再违抗上级"隐忍"的训示，与日伪针锋相对，毫不退让。1933年9月，赵登禹率部进驻察哈尔省张北县后，"制造"了两次轰动一时的"张北事件"。1934年10月27日，8名日本人途经张北不仅不按规定接受赵登禹部队的检查要求，还有意进行挑衅，为了维护民族尊严，赵登禹下令挑选100名身强力壮的士兵，紧握带着明晃晃刺刀的步枪，一边高喊口号，一边在这8名日本人面前走正步，吓得这几名日本人赶紧道歉。1935年，第二十九军被调到北平地区驻防，5月31日，有4个日本人偷偷潜入我军阵地偷绘我军驻防布阵图，赵登禹果断命令将他们扣押。

日本人抓住两次"张北事件"大做文章,南京国民政府再次妥协退让,6月19日以"屡生事端"为由免去宋哲元察哈尔省政府主席职务,任命省民政厅长秦德纯暂做代理,秦德纯随后与日本代表签订了屈辱的《秦土协定》。随后,赵登禹及所部随第二十九军移驻北平附近。

然而,以平津为重心的华北,由于日本帝国主义的步步逼近,此时也是"山雨欲来"。1936年夏天,几名日本特工绑架了第二十九军政治部主任宣介溪。赵登禹与另两位师长冯治安和刘汝明商量后认为,鬼子竟敢抓我军高级将领,实在太嚣张,一定不能向其示弱。于是,赵登禹将一亲日分子叫来,让其向日方传话:"限日本人2小时以内把人送回。超过时限,我们就把平津一带的日本人统统杀光!"说完,当着亲日分子的面,赵登禹操起电

喜峰口战役中的中国炮兵

话向部队下令，要求2小时之内待命行动，做好作战准备。日本人被赵登禹的凛然之气所震慑，果在2小时内就将宣介溪送回。1937年7月7日，卢沟桥事变爆发，日军进攻宛平城，第二十九军奋起反击。二十九军军长宋哲元任命赵登禹为南苑指挥官，坐镇南苑，与副军长佟麟阁一起负责指挥南苑的所有军事力量。7月28日，日军调集重兵并动用30多架飞机向二十九军阵地发起猛攻，由于敌我力量相差悬殊，我方伤亡较大，日军从东、西两侧攻入南苑，双方陷入肉搏战。此时，赵登禹临危不惧，亲自率卫士30余人，指挥二十九军卫队旅和军训团学生队与日军进行激烈的厮杀。这时，突然接到上级命令，要赵登禹指挥部队后撤到大红门一带。日军窥出赵登禹准备退到大红门的意图，抢先一步在南苑到大红门的公路两侧架起了机枪，以火力封锁道路。为激励将士，赵登禹乘坐车子指挥部队向大红门方向撤退，不幸的是在车子行到大红门附近的御河桥时炸毁，赵登禹身受重伤，警卫劝其立即撤退到安全地方，赵登禹不肯，反而带领部队向日军反击。这时，一枚炸弹飞来，炸断了他的双腿使其昏迷过去。赵登禹醒来后，含泪向传令兵说："不要管我，你回去告诉北平城里的我的老母，她的儿子为国死了，也算对得起祖宗，请她老人家放心吧！"说完就停止了呼吸。这是素有打虎将军之称的赵登禹在阵亡前说的最后一句话，他也成了抗日战争中殉国的第一位师长。当时，赵登禹年仅39岁，长子赵学武只有4岁，长女赵学芬才2岁，次女赵学芳尚在母腹未出生。

冯玉祥将军浮想联翩，夜不能寐。他索性起床，披着衣服，来到写字台前，拿出笔，铺好纸，准备写一首诗，以寄托自己对两位袍泽的哀思。将军呆呆地望着即将黎明的夜空，心中总有千言万语，却不知从何写起，他不禁潸然泪下……

喜峰口抗战纪念碑

英勇的大刀精神

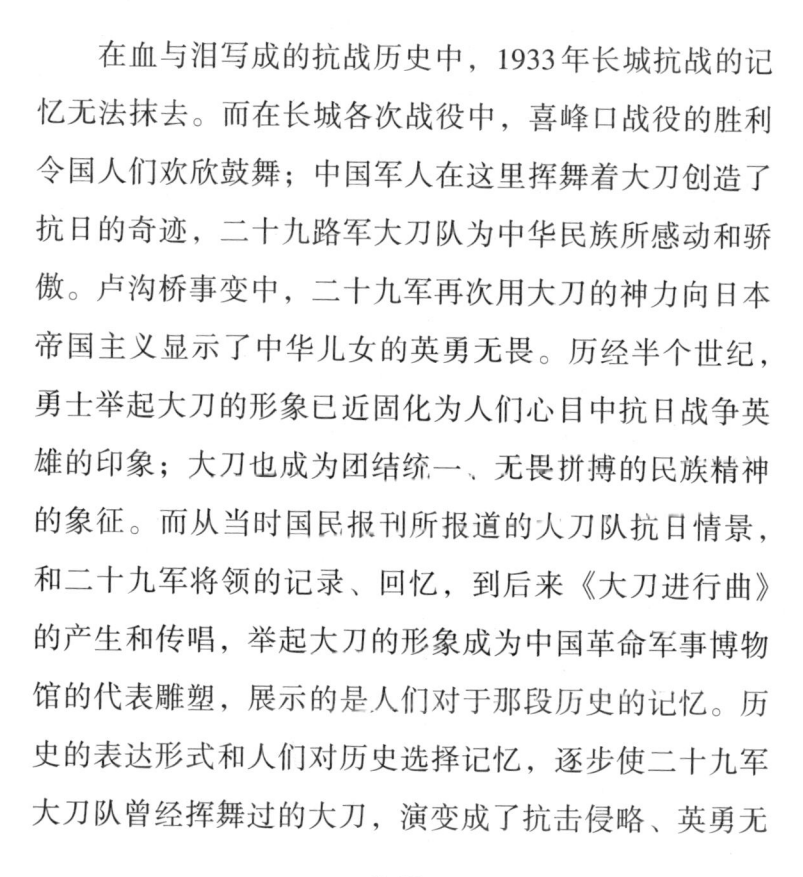

在血与泪写成的抗战历史中，1933年长城抗战的记忆无法抹去。而在长城各次战役中，喜峰口战役的胜利令国人们欢欣鼓舞；中国军人在这里挥舞着大刀创造了抗日的奇迹，二十九路军大刀队为中华民族所感动和骄傲。卢沟桥事变中，二十九军再次用大刀的神力向日本帝国主义显示了中华儿女的英勇无畏。历经半个世纪，勇士举起大刀的形象已近固化为人们心目中抗日战争英雄的印象；大刀也成为团结统一、无畏拼搏的民族精神的象征。而从当时国民报刊所报道的大刀队抗日情景，和二十九军将领的记录、回忆，到后来《大刀进行曲》的产生和传唱，举起大刀的形象成为中国革命军事博物馆的代表雕塑，展示的是人们对于那段历史的记忆。历史的表达形式和人们对历史选择记忆，逐步使二十九军大刀队曾经挥舞过的大刀，演变成了抗击侵略、英勇无

畏的象征。在这里，我们将大刀队所表现出来的精神，称之为大刀精神。

山海关是万里长城的起点，依山傍海，是通往东北的咽喉，自古以来就是兵家必争之军事重地。1933年元旦，日军突然向我山海关守军东北军何柱国部发动进攻，中国守军奋起抵抗，长城抗战拉开序幕。由于敌众我寡，没有援军，东北军伤亡惨重，山海关失陷。接着日军又向长城九门口进犯。2月23日，日军又大举进攻热河。热河省政府主席汤玉麟未加抵抗即放弃省会承德和平泉等重镇，致使在赤峰一带与日军苦战的孙奎元部退到热察山区，在凌源一带阻击日军的万福麟部退入冷口附近，在热河东部的张作相也向喜峰口方向撤退。

日军攻占热河后，气焰更加骄横，对长城各口发起进攻。一时间，人心惶惶，一夕数惊，华北、平津大有不保之势。张学良急令宋哲元以华北军第三军团总指挥的名义率二十九军集中于冀东三河、蓟县、宝坻一带待命。不久，又令第二十九军出冷口，策应东北军万福麟部队作战。这时，万福麟部队正从热河向喜峰口方向败退，日军铃木、服部两旅团跟踪追击，向长城罗文峪口和喜峰口前进，形势十分危急。在这种情况下，张学良改变了作战计划，令二十九军首先占领喜峰口，并展开了城岭迤西至马兰峪一线阻击日军。这段防线长达300

余里，有董家口、喜峰口、罗文岭、山查峪等多处要隘。二十九军将士见杀敌报国机会到来，群情激奋，唯闻军营一片杀声，大有引满待发不可遏止之势。

早在1931年九一八事变发生时，日军一举侵占东三省，同时镇压了东三省抗日义勇军，并准备随时向关内进犯。1933年元旦，日军在山海关制造事端，接着用武力将其占领，山海关保卫战揭开了长城抗战的序幕。2月9日，日本关东军司令官武藤信义和侵华日军发布了侵略热河的军事命令和军事调遣。"尽快向建昌附近至其以南一线挺进；并应不失时机以一部确保界岭口、冷口、喜峰口等长城重要关口，掩护军主力的侧翼；而后以主力占领承德及古北口。"全国各界群众和爱国学生纷纷举行示威游行，要求政府出兵抗日，恢复国土。第二十九军官兵积极响应，表示誓死保卫祖国，克尽军人天职；二十九军官兵加紧训练，苦练杀敌本领。因部队装备落后，枪械不足，士兵又配置大刀，劈刀训练尤为特色。1932年一·二八淞沪抗战，二十九军还派人前往上海学习第十九路军等部的作战经验。赵登禹统率的第一〇九旅官兵积极宣传抗战，排演抗日救国戏剧，邀请东北流亡学生到部队报告东北形势。赵登禹还趁此时机，在部队中开展了以"宁为战死鬼，不做亡国奴"为题的战前教育，号召全旅5000健儿，枕戈待命，与敌血战。"誓死保卫祖国，收复失地！""战死沙场，不当偷生怕死的孬种！""打倒日本帝国主义！"等抗日口号响彻整个军营，有的战士还咬破中指，血书明志，誓死报国。这次应招上前线，与日寇真刀实枪面对面地拼杀，战士们个个兴高采烈。

宋哲元命令先头部队赵登禹旅王长海团应援喜峰口。王团官兵报国心切，从遵化到喜峰口一百余里路程，他们仅用了大半天，全程跑步前进，到达前线天已昏黑，该团官兵即刻投入战斗。喜峰口位于河北遵化东北110里，古称兰陉，位于迁西北部，奇峰耸峙，险要天成，是出入长城的咽喉，历来为兵家必争之地。这里两峰夹峙，中踞雄关，地势异常险要。由于喜其双峰如扼，易守难攻，故得"喜峰口"之名。3月9日，赵登禹旅之王

喜峰口

长海团赶至喜峰口。正接防时，日军第十四混成旅团先遣队在装甲车10余辆的配合下猛攻喜峰口，原防部队纷纷溃逃，日军攻占口上东北高地，继向正面纵深发展进攻。王长海团立即投入战斗，双方在山上山下混成一团，激战数小时，击退正面日军，并一度夺回口上东北高地。3月10日，面对日军主力的总攻，二十九军一0九旅旅长赵登禹令部队伏于蜂峦幽僻之处，伺敌兵近距战壕数十米时蜂拥而出，与敌白刃相接。

同日，宋哲元亲自赶到三屯营督战。他严令三十七师赵登禹旅、王治邦旅及三十八师佟泽光旅跑步奔赴喜峰口。当晚，赵登禹赶至前线，查看敌情后，令二一七团守住正面阵地，二一八团一营出左侧、二营出右侧向日军后方迂回攻击。当夜，赵登禹组织

喜峰口

大刀队由喜峰口两侧袒臂爬登绝壁，潜入敌阵，对敌实行偷袭，日军猝不及防，死伤过半，夺得机关枪10余挺，烧毁日军接济车10余辆，夺回了喜峰口两侧高地。

10日拂晓，日军3 000余人在炮火掩护下对喜峰口两侧高地发动总攻，又有一支部队由董家口向我铁门关阵地猛冲。担任正面阻敌的王长海团与占优势的敌军展开激战。由于敌众我寡，渐渐难以支持。正在危险时刻，援军赶到。赵登禹当即挥军向前，阻截日军。赵登禹见敌军炮火太猛，乃命令部队离开战壕，待敌兵进距战壕仅数十米时，齐声喊杀，全旅蜂拥而出，与日军白刃相接，肉搏杀敌。我军阵地虽居高临下，但地形陡峭，增援不易，遂转入预备阵地，与敌对击。赵登禹腿部被敌炮弹炸伤，鲜血直流，强自包扎后仍督军奋战不息。战至上午11时，我方左右两翼再度告急，经过苦战方转危为安。激战中，特务营营长王宝良率军追击一支逃敌，敌人逃到一座山头上，居高对我军俯射。紧急中，王营长对部下高呼："弟兄们，快跟我来，杀贼雪耻，正在此时！"深受鼓舞的战士们置生死于度外，随营长一起冒死仰冲。王营长身中数弹，倒在阵地上，仍大呼杀贼不已。日军为我军忘死的气势所吓倒，慌忙溃逃，被斩杀过半。

11日早晨7时，日军以猛烈炮火向喜峰口各阵地炮击。10时后，炮火移向口上、两侧高地，步兵在炮火支

075

中华爱国人物故事
ZHONGHUA AIGUO RENWU GUSHI

喜峰口战役中，大刀队的雕像。

援下向该高地发起进攻。战至下午3时，守军因伤亡过重而后撤。赵登禹考虑到敌人占两侧高地，则全阵地处于不利态势，遂下令反击，夺回阵地。反击部队全力冲杀，经1小时苦战，登上该高地，与日军肉搏2小时，砍杀日军上百人。敌人终于狼狈退走，两侧高地被我军收复。

经过两天的激战，双方尸横遍野。赵登禹深感如此硬拼消耗于我军极为不利，于是计议以我之长击敌之短，实施近战夜战以痛击敌军。此时，宋哲元也电令赵登禹派有力部队绕袭日军后方，并做出决定：赵登禹旅由左路出潘家口，王治邦旅接防正面，佟泽光旅由右路出铁门，三路合击。赵登禹召集了所部营以上军官会议，简要地分析了两日战况，提出出敌不意，于当夜绕至敌后袭击的方案。他沉痛地说："抗日救国，乃军人天职，养兵千日，报国时至。只有不怕牺牲，才能救国。大家要保持我西北军的优良传统，为先我牺牲的官兵复仇！"与会者经过两日苦战，都已极度疲劳，但听了赵旅长的动员后，顿时振作起来，都纷纷举手，含泪表决心，表示坚决执行袭敌方案，予敌寇以歼灭性打击。赵登禹接着做了具体战斗部署：董升堂团从左翼出潘家口，绕至敌右侧前，协同正面王治邦旅攻击喜峰口西侧敌人；王长海团从右翼经铁门关出董家口，奔袭敌左侧背，与正面佟泽光旅合击喜峰口东侧之敌；王昆山营占领白台子，将通往宽城子的大道破坏，警戒来援之敌。

夜幕降临，部队分路出动，赵登禹裹伤出战，扶杖走在队伍的最前面。3月，北国的山野还是一片冰天雪地，朔风在山谷中怒吼，裹着雪团扑向日寇阵地。大刀队在当地樵夫、猎手带领下在寒夜中前进。大刀队摸进敌营，时届深夜，敌军高枕横卧，睡梦正香，万没有料到在寒风彻骨的深夜，中国军队竟敢夜袭"皇军"。大刀队如天兵而降，抽出红缨大刀，趁月黑风高，逢敌便砍。日军从睡梦中惊起，看到了明晃晃的大刀挥舞着逼过来，顿时魂飞魄散，不知所措。许多敌兵尚未清醒已经身首异处，魂归西天了。有的则鬼哭狼嚎，抱头鼠窜。此役，我军毙敌约1 000余人，破坏敌火炮18门。天亮时，我军取原路而回。

驻守喜峰口、罗文峪口和义院口的二十九军其他部队，听到赵登禹旅得胜消息，立即出动，把侵犯的日军杀得血流成河，尸积如山。二十九军从此扬名海内外。

喜峰口之战的胜利，是九一八事变以来中国军队的第一次胜利。每日的捷报传遍全国，振奋了全国军民的抗日决心和信心；每日的贺电又从全国四面八方送至前线，激励着将士们再立功勋的斗志。喜峰口成了当时人们心目中的丰碑；赵登禹等将领成了当时人们心目中的英雄。

长城抗战，二十九军有优异表现，为了表彰二十九军的辉煌战绩，国民政府向该军高级将领颁发了青天白日勋章，并核准二十九军增编第一三二师，提升赵登禹为师长。

4月11日，日军突破冷口，进犯滦东，对二十九军形成前后夹击的不利形势。13日，二十九军不得不放弃血战而据的喜峰口阵地，且战且退。5月下旬，退至白河以西。

长城抗战以丧权辱国的《塘沽协定》的签订而宣告结束。5月31日，国民党北平军分会总参议熊斌与日本关东军参谋副长冈村宁次签订《塘沽协定》，规定"中国军一律迅速撤退至延庆、昌平、高丽营、顺义、通州、香河、宝坻、并亭口、宁河、芦台所连之线以西、以南地区。尔后，不得越过该线。又不做一切挑战扰乱之行为"。这个《协定》实际上承认了日本对中国东北三省和热河省的侵占，还承认冀东为"非武装区"，中国军队不得在此驻扎，而日军却可以自由行动。这就使整个华北门户洞开，为日军进一步扩大侵略提供了条件。然而，人们在失败之后更加追念那曾经获得的喜峰口之战的胜利，更加追念创造这一胜利的赵登禹等将士，更加追念夜袭破敌的大刀队。后来，作曲家麦新写了著名的战歌《大刀进行曲——献给二十九军大刀队》：

大刀向鬼子们的头上砍去！
二十九军的弟兄们！
抗战的一天到来了！
前面有东北的义勇军，

后面有全国的老百姓，

咱们二十九军不是孤军。

看准那敌人，把它消灭！

把它消灭！冲啊！

大刀向鬼子们的头上砍去！

长城抗战，二十九军大刀队在喜峰口大破日军神州中国人民热情讴歌大刀队的杀敌精神。报纸上登出这样的诗歌："大刀大刀，雪舞风飘。杀敌头颅，壮我英豪！"当时年仅23岁的麦新，作为一个战地记者，亲眼看见了战士的英勇，战斗的惨烈，《大刀进行曲》也就在这种氛围中酝酿。1937年，卢沟桥事变的第二天，中共中央向

长城保卫战

全国发出通电，主张全民族联合抗日。同一天，第二十九军二一九团，组织了150人的敢死队，"每人大刀一把，手枪一支冲入敌阵"，刀光闪耀在敌群中，十四年艰苦卓绝的抗战在刀光中拉开了序幕。二十九军大刀队的威名又一次远扬天下，并给中国人民以抗战的决心和必胜的信心。卢沟桥抗战胜利的消息传到上海，作曲家麦新以像火山喷发一样的爱国热情，连夜谱出了这首激昂的《大刀进行曲》。《大刀进行曲》呼号、怒吼般的音调喷涌而出，塑造了挥舞大刀向鬼子勇猛冲杀的中国军人的英雄形象。它就像抗日的号令，形成了抗日战争开始时最典型的时代音调。这首曲子响彻全国，被当时进步的文化界推选为优秀的中国抗战音乐，与田汉、聂耳的《义勇军进行曲》相提并论，并翻译成多种文字，介绍到国外。

　　《大刀进行曲》的原歌词是："大刀向鬼子们的头上砍去，二十九军的弟兄们，抗战的一天来到了，抗战的一天来到了。前面有东北的义勇军，后面有全国的老百姓，咱们二十九军不是孤军。看准那敌人，把它消灭，把它消灭！冲啊！大刀向鬼子们的头上砍去。杀！"后来，根据演唱效果和实际需要，把"二十九军的弟兄们"改为"全国武装的弟兄们"，把"咱们二十九军不是孤军"改为"咱们中国军队勇敢前进"。歌曲为自由体结

构，开头原来是一拍一音，但在群众热情的演唱中，自然地把它唱成了切分音，麦新立即表示："还是群众唱得好，这个节奏更能表现对敌人的无比仇恨。"火山爆发般的强大力量，唱起来像大刀一样势不可挡。歌曲后半段的发展变化，在节奏上很有特色。如："把它消灭，把它消灭。冲啊！"颇似战场上短兵相接、手持大刀向敌人冲去时的呐喊，刚劲有力！尾句后一声："杀！"戛然而止，充分表现出了中国军民对日寇无比的愤怒与仇恨，激发起广大人民抗战到底的决心！

《大刀进行曲》一诞生，就受到全国亿万人民的热烈欢迎，上海的学生唱着这首歌走向街头募捐，要为前方的将士赶制大刀。全国抗战爆发后，喜峰口内的共产党人王平陆和他的战友们，坚决执行党中央、毛主席关于开展敌后抗日游击战的指示，又挥舞起二十九军将士用过的大刀，直指喜峰口日伪据点所辖的清河沿关卡，从而拉开了冀东抗日大暴动的序幕。1938年3月23日，日军进攻的炮声震荡台儿庄，整个台儿庄城镇的空间，为枪炮声、喊杀声所冲塞，而在这混杂的音响中，使人最受鼓舞的，是官兵们高唱《大刀进行曲》的歌声。1938年夏季，喜峰口内5 000名儿女揭竿而起，加入了抗日大暴动的洪流，掀开了抗日斗争的崭新篇章，创建了善罢甘休热边抗日根据地，并以此为依托扩大口外游击区，使日伪军陷入人民战争的汪洋大海。1943年，在沦陷的上海，一群手无寸铁的小学生面对日本宪兵，高唱"大刀向鬼子们的头上砍去，全国武装的弟兄们！"著名女作家陈学昭也这样回忆说："在延安时，我常喜欢唱《大刀进行曲》，我尽情地唱着，特别是唱到'抗战的一天来到了'的时候，感到扬眉吐气。当时全国人民强烈要求抗战，抗战之心是多么迫切呵。"

《大刀进行曲》在中国人民最需要的时候出现，这首歌集中体现了大刀队和中国人民的团结拼搏的奋斗精神。从大刀队的英勇杀敌，到后来的《大刀进行曲》的诞生和传唱，喜峰口的大刀之役已经从具体的历史事件，转化为抗日战争和中华民族力量的象征。

"大刀向鬼子们的头上砍去！二十九军的弟兄们！抗战的一天到来了……"冯玉祥将军情不自禁地唱起了《大刀进行曲》。那歌声悲壮、嘹亮，气吞山河。冯将军饱蘸深情，挥笔写下了《吊佟赵》诗，以寄哀思：

佟是二十六年的同志，
赵是二十三年的弟兄。
我们艰苦共尝，
我们患难相从。
论学问：

佟入高教团，

用过一年功；

赵入教导团，

八个月后即回营。

论体格：

同样强壮。

但赵比佟更伟雄。

佟善练兵心极细，

赵长杀敌夜袭营。

佟极俭朴，

而信教甚诚；

赵极孝父，

而尤能笃行；

二人是一样的忠，

二人是一样的勇。

如今同为抗敌阵

喜峰口抗战纪念碑

使我们何等悲伤!
但我们替他二位想想,
又觉得庆幸非常。
食人民脂膏,
受国家培养,
必须这样死,
方是最好下场。
后死者奋力抗战,
都奉你们为榜样。
我们全民族已在怒吼,
不怕敌焰如何猖狂。
最后胜利必在我方!
最后胜利必在我方!
你们二位在前面等我,
我要不久把你们赶上。

  冯玉祥将军写完悼诗,心中久久不能平静,1933年他和吉鸿昌、方振武、佟麟阁等人组织察哈尔民众抗日同盟军,收复失地的往事又浮现在脑海中……

大刀队在操练

守卫河山寸土不让的赵登禹与佟麟阁

团结一心的抗日同盟

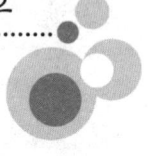

九一八事变后，冯玉祥多次发出通电，呼吁团结抗日，反对蒋介石的不抵抗政策。他总结北伐战争后期同中国共产党分裂的教训，重新谋求同共产党合作，并同共产党的北方组织建立了联系。他响应中国共产党团结抗日的号召，毅然决定组建抗日同盟军，以抗击日军的侵略。1932年10月，冯玉祥从山东到达张家口，与当时担任二十九军副军长兼察哈尔省警备司令的佟麟阁商讨组织抗日同盟军的大计，佟麟阁表示积极支持。

岂曰无衣？与子同裳。
王于兴师，修我戈矛。与子同仇。

古人的名句，唱出了他们此刻的心情。抗日同盟军的建立，将佟麟阁、赵登禹等爱国将领的赤胆忠心紧紧团结起来，化做一柄出鞘的利剑。

1933年5月，日寇进犯察东，叫嚣"进驻张家口"，察哈尔时局十分紧张。5月26日，张家口各界人士召开察哈尔省民众御侮救亡大会，宣告察哈尔民众抗日同盟军成立。冯玉祥通电就任总司令，并在通电中表达了他保卫察哈尔，收复失地，争取中国独立自由的决心。佟麟阁等14名将领联名通电响应，一致拥护。当时察哈尔省主席宋哲元正在冀东军中主持军务不得脱身。因此，佟麟阁肩负起察哈尔省主席兼民政厅厅长之重任。

1933年5月26日，冯玉祥在张家口就任察哈尔民众抗日同盟军总司令。

以冯玉祥为首的抗日同盟军得到了共产党人的大力帮助，也得到群众的广泛支持，队伍很快由数千人发展到10余万人。6月15日，抗日同盟军在张家口召开军民代表大会，通过了关于同盟军的纲领决议案，选举了抗日同盟军最高机构——军事委员会，委员35人，常委11人。佟麟阁当选为委员和常委。会后，冯玉祥任命吉鸿昌为北路前敌总指挥，方振武为北路前敌总司令，率部北上迎击日伪军。

佟麟阁担任抗日同盟第一军军长。第一军下辖两个师，是抗日同盟军的主力部队之一，主要任务是警卫张垣。

抗日同盟军组成后，取得了对日作战的一系列胜利。佟麟阁与北路前敌总指挥吉鸿昌、北路前敌总司令方振武紧密配合，指挥所部向张北的日伪军展开强大攻势。6月下旬至7月初，抗日同盟军连克康保、宝昌、沽源等县，于7月12日收复察北重镇多伦，并乘胜收复察哈尔省全部失地，使全国人心十分振奋。

国民党政府对抗日同盟军采取软硬兼施的破坏政策，先后调16个整师共15万人的武力进行"围剿"，并对冯玉祥部下进行政治拉拢和分化瓦解。冯玉祥在内外交困、腹背受敌的情况下，被迫于8月15日通电宣布将察哈尔省军政大权交给察哈尔省主席宋哲元办理，随后撤销抗

宋哲元将军定烧的书法碗

日同盟军总部。8月12日，冯玉祥主持了"民众抗日同盟军收复察北阵亡将士纪念塔""全国军民抗日死难烈士祠"的落成典礼，佟麟阁等将领参加典礼仪式。佟麟阁为烈士祠题词："慷慨壮烈——新中国成立以后战死者众矣，以猛谥以烈华衮之荣，义昭得所，愿与我武装同志共凛之。"13日晚，冯玉祥在离开察哈尔的前一天，召集佟麟阁等同盟军将领20余人话别，倡议组织抗日同盟会。他壮志未酬，悲愤之下，刺破手指，在东北四省（包括热河省）的地图上血书"还我河山"四个大字，以此明誓。志愿参加同盟会者歃鸡血为盟，向国耻地图宣誓。佟麟阁盟誓入会。

察哈尔民众抗日同盟军兴起的时候，中国共产党加强了在抗日同盟军中的工作。党在同盟军内建立了前线工作委员会，受河北省委领导，并在军内正式建立了党的组织，党员约有300人。他们在军队中积极进行抗日的宣传、组织工作，广泛发动群众，开展工农运动，以塞外名城张家口为中心，掀起了轰轰烈烈的抗日热潮。冯玉祥离去后，抗日同盟军的大部分被宋哲元收编，一部分在共产党影响下的部队约10 000人根据前委决定，转战于热河、长城一线。到10月中旬，在北平近郊遭受蒋日军队联合进攻，因众寡悬殊，伤亡惨重，终以弹尽粮绝而失败。方振武被迫流亡国外。1941年12月，太平洋战争爆发后，方振武决心回国参加抗日工作，刚踏入广东省境，就被国民党特务组织的"忠义救国军"逮捕杀害。共产党员吉鸿昌乔装潜回天津，继续进行抗日活动。不久他被国民党政府逮捕、审讯，于1934年11月24日在北平英勇就义。

冯玉祥下野后，宋哲元主持察哈尔政务，他留佟麟阁为察哈尔公安管理处处长。但佟麟阁痛心疾首，不安于位，不久便离开张家口，隐居在香山别墅，等待时机，再图报国。

"何梅协定"签订以后，蒋介石在北平成立了冀察政务委员会，任命宋哲元为委员长，以维持错综复杂的

守卫河山寸土不让的赵登禹与佟麟阁
SHOUWEI HESHAN CUNTU BU RANG DE ZHAO DENGYU YU TONG LINGE

故上将宋公哲元之神道碑

冯玉祥敬题

宋哲元纪念碑

华北局面。佟麟阁亦在此危难之际，应宋哲元、冯治安、张自忠、赵登禹、刘汝明的邀请，出任二十九军中将副军长兼军官教导团团长，驻北平南苑军部，掌军部事务。

佟麟阁、赵登禹殉国后，全国各地都举行了悼念佟、

赵抗日英烈的活动。1943年1月1日，重庆国民政府又举行了"表忠盛典"，宣布抗日殉国的将领佟麟阁、赵登禹等应入祠首都忠烈祠，并同时入祀全国各省市忠烈祠。

抗日战争胜利后，人们更加怀念为抗日血染沙场的英雄们。1946年3月29日，北平市政府和各界人士在八宝山忠烈祠为佟麟阁、赵登禹等举行了隆重的入祠仪式，并将西城区的两条街命名为"佟麟阁路"和"赵登禹路"，通县也将两条路定名为"佟麟阁大街"和"赵登禹

大街"，以纪念英烈。7月28日，时值佟、赵两位将军殉国九周年之际，又在中山公园举行了追悼大会，国民政府北平行营主任李宗仁等军政界首脑参加了祭祀，各群众团体和各学校代表也参加了公祭。同时，将佟麟阁将军的忠骸从柏林寺移葬于北平西郊香山南面风景优美的兰涧沟。冯玉祥将军挥笔为佟麟阁写下了一副挽联："报国敢云天职尽，立身当与古人争。"不久，何基沣奉冯治安师长之命，到北平将赵登禹将军和二十九军抗日阵亡将士的遗骨，迁葬于卢沟桥畔，实践了"卢沟桥是二十九军的坟墓"的誓言。

在南苑战斗中，二十九军军事训练团的官兵也打得很英勇。1936年，应平津学生的抗日要求，宋哲元曾在南苑办了一期大学生军训班。是年冬天，又从北平、天津、保定、沧州等地招收了一些中学生，加上东北流亡学生和少数从东南亚回国抗日的华侨子弟，组成了军训团，在南苑集训。这个军训团是为训练培养中下级干部，补充军队需要而成立的，佟麟阁曾兼任军训团团长，军训团下设3个大队，每个大队下辖4个中队，共有12个中队，队干部大多数为原察哈尔抗日同盟军军官以及西北军山西汾阳军校毕业生，其中有一些人是中共地下党员。军事训练团的官兵虽然年纪很小，但抗战爱国热情极高。战前，各队选派代表向佟麟阁副军长交了请缨杀

敌书，表示誓以热血保卫祖国，坚决要求上前线，但军部考虑到他们正在训练中，不宜当战斗兵使用，拟迁往保定继续学业。军训团官兵再次上书，决心以先烈为榜样，在前线杀敌报国，不愿从战场上撤退而辱没军人的名称。最终军部批准了他们的请求，爱国官生们最终实现了自己为祖国效死沙场的愿望。

南苑战斗开始后，日军首先从南面发动了进攻，妄图实现"从正面摧垮，一举攻占南苑"的计划，这样，首当其冲的正是军事训练团的阵地。军训团官兵奋力抗击着日军，接连打退日军数次进攻，经过半天的激战，

军训团伤亡惨重，但没有丢失一寸阵地，始终保持着旺盛的革命斗志。午后，日军以铁甲车做掩护，向南苑西北角猛攻，企图切断南苑与北平的联系。至此，军训团以及未撤退的南苑守军已是腹背受敌。日军攻占大红门一带后，完成了对南苑的全面包围。这时，军训团才接到撤离南苑的命令，便分成几路向不同方向突围。战斗结束时，军训团一千多官兵牺牲，仅存七百余人。

　　在保卫南苑的战斗中，佟麟阁、赵登禹将军，军事训练团的一千多官生以及二十九军无数的爱国官兵倒在鲜血浸透的焦土上，再也没有起来，其状之悲壮，前所罕见。几天之后，人们在南苑旧战场上还看见几百个士兵与马匹的尸体以及大量的军用物品，堆积在路上。路旁的壕沟及附近的农田中，也堆满了无数的伤兵，卡车上也满满地堆着尸体，在炎热的气候下，这些尸体已在发臭。这就是日本侵略军欠下中国人民的一笔血债！也是蒋介石、宋哲元幻想和平，企图以外交手段消弭战祸所造成的恶果。这个惨痛的教训告诉人们，永远不要向法西斯乞求和平，对侵略者只有狠狠地打击。

　　二十九军的抗战，为全国人民树立了榜样，揭开了全民族抗战的序幕。正像一首诗所说的那样：

怒吼吧，卢沟桥！
我们抗战的日子已经来到。

忍辱负重已非一日，
祈望和平亦非一朝，
可是我们得到的是，
卢沟桥头的无理取闹。

如今已有二十九军的崛起，
用铁血回答着敌人的横暴！
听啊：杀敌的喊声起了，
健儿们的鲜血正洒在北国的荒郊！

不要迟疑，不要退，
让我们大家持着枪和刀，
前进吧，热血的男儿啊，
把数十年来的仇恨一齐报。

卢沟桥，怒吼吧！
我们抗战的日子已经来到。

缅怀英勇的将军

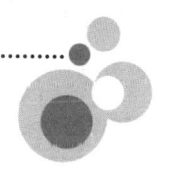

佟麟阁是全面抗战爆发后捐躯疆场的高级将领，佟麟阁骨骸寻获后，夫人彭静智及子女含悲收敛，隐姓埋名，寄厝于北平柏林寺，寺中方丈出于对将军抗日爱国的敬慕，即使是北平沦陷，也始终严守秘密，其灵柩前只摆放着"先府君胡口口之灵"的牌位，直到抗战胜利后国葬于香山。1937年7月31日，国民政府追赠为佟麟阁陆军上将。1946年7月28日，国民政府又以隆重的国葬，将佟麟阁将军的灵柩从柏林寺移葬于北平香山的兰涧沟的坡地上，1947年3月13日，佟麟阁生前在北京居住过的南沟浴大街被命名为佟麟阁路。1979年8月，中共北京市委追认佟麟阁将军为抗日阵亡革命烈士，并将其墓修葺一新。2009年9月14日，他被评为100位为新中国成立做出突出贡献的英雄模范之一。赵登禹牺牲后，7月31日，国民政府颁布褒奖令，追赠赵登禹为陆军上将。抗战胜利后，因赵登禹生前说过"军人抗战有死无生，卢沟桥就是我们的坟墓"这样的誓言，何基沣奉冯治安之命到北平将赵登禹将军和二十九军抗日烈士的忠骸迁葬于卢沟桥畔。1946年，北平各界举行公祭赵登禹、佟麟阁仪式。中华人民共和国成立后，中国共产党给赵登禹将军的家属颁发了由毛泽东签署的烈士证书。毛泽东同志曾高度评价赵登禹等国民党抗日将领，称赞他们在执行抗击日本侵略者的"神圣任务当中光荣地壮烈地牺牲了"，他们"给了全中国人以崇高伟大的模范"。1937年7月31日南京国民政府发布命令，追赠赵登禹为陆军上将。1945年后，北平市政府将北沟沿改名为赵登

香山北正黄旗30号，佟麟阁将军的故居

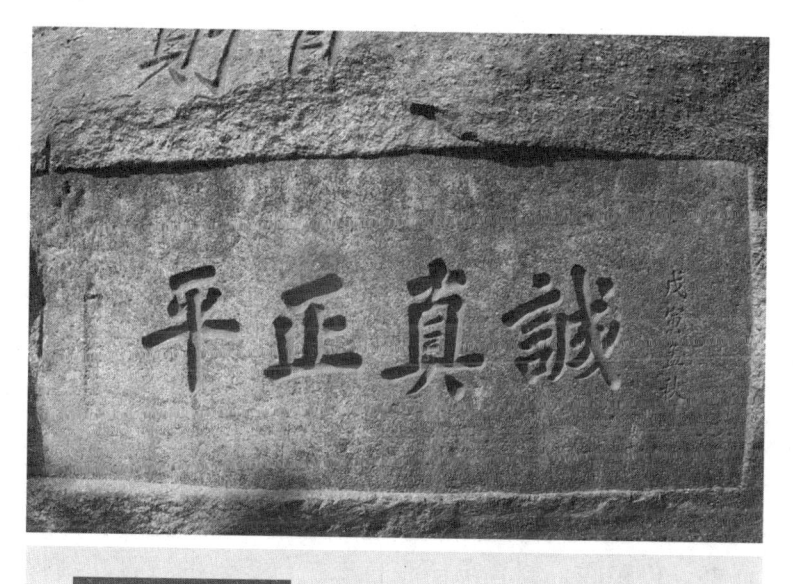

佟麟阁路上的石刻

禹路，以示纪念。新中国成立后，北京市人民政府对卢沟桥西道口的赵登禹烈士墓进行了多次修缮。

赵登禹路位于北京市西城区中北部。北起西直门内大街，南至阜成门内大街，为纪念抗日爱国将领赵登禹而得名。佟麟阁路位于西城区中南部。南起宣武门西大街，北至复兴门内大街。为纪念抗日爱国将领佟麟阁得名。

北平和平解放之后，共产党七届二中全会在西柏坡召开。全会有这样两项决议：一是决定中央领导机关迁入北京，二是进城之后不要用中央领袖的名字命名街道地名。1952年，毛泽东亲自为三位抗日英烈签发了烈士

中华爱国人物故事
ZHONGHUA AIGUO RENWU GUSHI

赵登禹路

证书。佟麟阁、赵登禹、张自忠三位英烈的抗日功绩得到新中国认可。这就是为什么新中国成立前由国民党北平政府命名的三条街道得以在新中国继续沿用的原因。

北京的大街小巷有几千条，街巷名称涉及人物的，有以其官职命名的，如文丞相胡同；在东城区府学胡同内文天祥祠堂东侧，以纪念南宋抗元英雄文天祥得名。有以其爵位命名的，如广宁伯街，在西城区辟才胡同以西，明朝功臣广宁伯刘荣的伯爵府原在此街得名。有以其特长技艺命名的，如刘兰塑胡同，在西安门大街路北，以元朝塑像高手刘元得名。

正式以现代人物姓名命名的街道，在北京只有三处，即西城区的佟麟阁路、赵登禹路、东城区的张自忠路。这三位英烈，都是为国捐躯的抗日名将，早年都是冯玉祥的部下。在担任二十九军将领期间，自1934年二十九军驻防京津地区后，都曾在北京居住过。

抗战胜利之后，何思源出任北平市市长，何思源于1947年3月13日签发了《北平市政府户字第59号训令》，将南沟浴大街命名为佟麟阁路，北河沿大街命名为赵登禹路，铁狮子胡同命名为张自忠路。

南、北河沿大街，在元朝是著名水利专家郭守敬开挖的金水河河道，至清朝演变为排水沟"大明濠"，民国北洋政府时期，由内务部长兼京都市政公所督办朱启钤主持，利用拆除皇城的城砖，将大明濠改建为地下暗沟，并在地上兴建马路，即南、北河沿大街。当年市政公所公布这两条大街为"一等街道，宽二十公尺"。

为纪念佟麟阁将军而改名的佟麟阁路

这三条以抗日英烈命名的街道名称，在新中国成立后继续沿用。"文革"时期，佟麟阁路改称四新路，赵登禹路改称中华路，张自忠路改称工农兵东大街。"文革"过后，"拨乱反正"，北京市政府于1984年10月决定恢复原名。

1949年1月20日北平和平解放之后，共产党七届二中全会在西柏坡召开。全会有这样两项决议：一是决定中央领导机关迁入北京，二是进城之后不要用中央领袖的名字命名街道地名。为什么新中国成立前由国民党北平政府命名的上述三条街道名称，得以在新中国被继续沿用呢？这是因为1952年6月11日，新中国的中央政府主席、中央军委主席毛泽东，亲自为三位抗日英烈签发了烈士证书。佟麟阁、赵登禹、张自忠三位英烈的抗日功绩，是得到新中国认可，并庄重给予纪念的。

赵登禹路上的白塔寺

北平杂闻

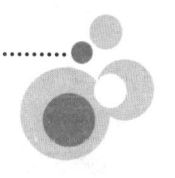

北平是北京在历史特殊时期曾经使用的城市名称。北京最早于1368年9月12日称北平，后于1427年作为明朝的都城改名为北京。民国时于1928年6月20日又改为北平市。日伪政府于1937年10月12日又将北平改为北京，1945年日寇投降后，又改为北平。1949年9月21日，中国人民政治协商会议第一届全体会议在北平中南海怀仁堂隆重开幕。会议通过了北平为中华人民共和国首都，将北平改名为北京。

据北京档案史料记载，1368年（洪武元年）9月12日，明太祖朱元璋命大将徐达北征，攻占元朝都城大都，即今天的北京城，并将大都改名为北平府。

燕王朱棣（明成祖）发动靖难战争，1403年朱棣夺得皇位，先建好北平城，1427年（明永乐19年），明成祖朱棣将都城从南京迁到北平，并将北平改为北京。以

顺天府北京为京师，南京作为留都。清朝时北京亦称京师顺天府。清兵进关，又在北京定都，于是，明清两代长达500年之久，全国的政治中心是北京。

1928年6月4日，张作霖由北京退回沈阳途中，在皇姑屯被日本帝国主义者阴谋炸死。同时，南京国民党政府任命阎锡山为京津卫戍总司令，全权接收北京事务。

1961年赵登禹路原貌

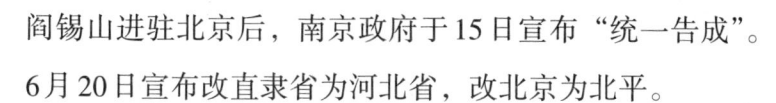

阎锡山进驻北京后，南京政府于15日宣布"统一告成"。6月20日宣布改直隶省为河北省，改北京为北平。

1937年7月29日，北平被日本侵略者占领，日伪政府于1937年10月12日，将北平又改为北京。

1945年日寇投降后，又改为北平。

北平和平解放后，1949年9月21日，召开了中国人民政治协商会议，9月27日，中国人民政治协商会议第一届全体会议通过《关于中华人民共和国国都、纪年、国歌、国旗的决议》，自即日起北平重新更名为北京，并确定北京是中华人民共和国的首都。

北平和平解放谈判，始于1948年11月18日。当时辽沈战役胜利结束，平津战役即将开始。北平和平解放正式谈判，先后进行了三次：

第一次谈判是在1948年12月中旬。当时平津战役已经打响，北平正在被军事包围。傅作义派崔载之为代表同李炳泉（中共地下党员）一起，带电台和报务员、译电员到三河县平津前线司令部所在地，与东北野战军参谋长刘亚楼进行了谈判。

第二次谈判是在1949年1月6日至10日。当时傅部主力35军被歼，平津战役胜负大局已定。傅作义派周北峰、张东荪到河北蓟县八里庄，同平津前线司令部领导人林彪、聂荣臻、罗荣桓和刘亚楼进行谈判，双方草签

了《会谈纪要》。

　　第三次谈判是1月14日至17日。14日上午人民解放军向天津守敌发起总攻。当天傅作义派邓宝珊、周北峰作为全权代表，到通县西五里桥平津前线司令部，与林彪、聂荣臻、罗荣桓和刘亚楼进行谈判。谈判取得了成功，16日双方签署了《关于北平和平解决的初步协议》14条。东北野战军参谋处长苏静与华北"总部"政工处长王克俊及崔载之，分别代表双方在《关于北平和平解决问题的协议书》上签字。1月31日，人民解放军入城接管防务，至此，北平宣告和平解放。

佟麟阁烈士墓

佟麟阁路旧名南沟沿大街，佟麟阁路西有一座非常"漂亮"的教堂。见到它第一眼就会惊讶于它的"美"。这座精美的教堂就是中华圣公会教堂，也有人管这座教堂叫安立甘教堂，是中华圣公会在北京地区建立的第一座教堂，也是北京现存最完整的一座。"中华圣公会"是基督新教六大宗派之一的英国国教圣公会在中国的分支教会，原用英国国教一词的音译为"安立甘会"，1911年才转为意译，称"中华圣公会"。这就是为什么这座教堂既叫中华圣公会教堂又叫安立甘教堂的缘故。

1900年八国联军进入北京后，各国便在北京划地占区，当时英国圣公会的传教士鄂方智，在英军占领区里想找房建教堂。后来他相中了宣武门内象房桥附近刑部殷柯庭的住宅，当时殷柯庭全家已经逃离北京，鄂方智便在此地拆了宅子修建教堂。教堂由主教史嘉乐请人画蓝图、找工匠建造，于1907年建成，建成后还举行了祝圣典礼。

这座教堂建筑别具特色，与我们见到的其他教堂建筑不同。它不是哥特式建筑，也不是其他的西洋建筑形式，而是在西洋建筑中融合了中国古典建筑的"宫殿式"教堂，可谓中西合璧式。整个教堂从外形到内部均为中国传统风格，是中国近代民族形式建筑的早期代表之作。

这座教堂建筑的最大特点就是它的中式设计。教堂

有个中式的大门，开在南面硬山山墙上。门的两侧和上面雕刻有匾额。教堂的前部和中部顶端各建有一个八角形重檐中式亭子。亭子是作为采光的天窗和教堂的钟楼

使用的，这样的设计还是第一次见到。教堂不仅外部设计独具匠心，内部的装饰更是与众不同。有人到教堂探访时，曾有幸进到教堂内。它不像其他教堂那样以砖石或水泥为主体，而是完全采用了中式设计，使用上好的木材建造，并配有精美的雕花，简直就像是中国的"宫殿"。来到教堂的亭子下，抬头仰望时阳光透过亭子层层镂空的间隙照进教堂里，此时亭子就像天空中一个巨大的万花筒，折射出奇异的花朵。

据说教堂建筑的另一个特点是平面呈双十字形。为了探明真伪，有人真就跑到教堂附近，准备登高俯瞰。在教堂的东侧，好不容易找到了一座高楼，费尽力气登上楼的顶层，从上面俯瞰下去，立时惊讶于眼前的场景。灰白色的教堂如同一个巨大的双十字，静静地矗立在那里。此时正是夕阳将下，落日的余晖洒在教堂上，发出道道温柔的光芒。

佟麟阁路西侧的承恩、石灯、天仙、园宏胡同是几条很不起眼的小胡同。但胡同虽小却有着共同的特点，那就是一条胡同一座庙。北京的庙宇众多，但是像这里这样一条胡同一座庙的情况却着实少有。更何况这些胡同里的庙宇各个历史悠久，各个规模宏大。

承恩胡同是佟麟阁路西一条南北走向的小胡同。承恩胡同的得名也是因胡同内的承恩寺而起。承恩寺始建

于明代，寺址原是古雪堂，为戒坛下院。清康熙初年毁于火，康熙五十四年，智性和尚重建，当时建有前殿三楹，西廊房三楹。乾隆十二年，德明和尚又重修。此后几经变迁，现在的承恩寺已是普通民居了。胡同内的6号和8号就是原来的承恩寺旧址。6号院内是寺的后殿和东配殿，8号院正房是原寺的前殿。

从承恩胡同向南行有一条东西走向的小胡同叫石灯胡同，胡同内的10号是石蹬庵旧址。这座石蹬庵是一座年代久远的古刹。建于唐广德二年（公元764年），原名吉祥庵。元泰定年间重建。明万历丙午年间重修时，西吴僧人真程在寺内院中掘出石幢一个，像石蹬的样子，上面镌刻有唐代人书写的《般若心经》1部，于是吉祥庵就改名叫了石镫庵。石蹬庵在王恭厂大爆炸中被毁，后人又在此地重修。现在石灯胡同内还留有石蹬庵的大殿和东西配殿，只是已改为民居了。

从石灯胡同向北行不远有一条南北向的胡同叫天仙胡同。在天仙胡同和东太平街交会处有一座天仙庵。天仙庵的山门已经无存了，只在东太平街38号开有一个可供居民出入的小门。天仙庵建于明代，旧有铜钟、铜炉及崇祯时的重修碑。从东太平街路过时能看到天仙庵的庙房绵延有三重之多，现在庵的东西配殿尚在，从它现存的规模不难想见，它原来的规模是多么宏大。

佟麟阁将军像

在天仙胡同南侧不远就是园宏胡同。胡同里有古庙圆洪寺，寺就在园宏胡同5号，旧门牌是1号。我曾进到5号院里看到，圆洪寺规模巨大，当年寺的大殿、后殿、东跨院尚存。圆洪寺不仅规模巨大，其历史也是这几座寺院里较为悠久的。寺始建于唐代，在辽金时称延洪寺。此寺是判断金中都崇智门方位的标识。崇智门大致在今东西太平街与闹市口南街交会处南侧。现在园宏胡同5号院内庙房是清代重建的圆洪寺旧迹。

菏泽市登禹中学在赵登禹墓前挂起条幅缅怀赵登禹将军

  佟麟阁路62号新华社院内，就是过去的象房。如今的北京居民若要观看大象，当然是去动物园。然而自700多年前的元代起，皇家在京城就饲养着大象。高大威猛、寓意吉祥的大象，曾是皇家仪仗队里的重要成员。明清两代饲养大象的驯象所周边，也曾留下了象房桥、象来街、象牙胡同等地名。每年夏季到护城河畔观看大象洗澡，则更是旧日京城酷暑中的一道盛景。

  老北京城在元大都时期就有大象。《元史·舆服志》记载，元朝皇帝的车队里，除有青马青车、黄马黄车等青黄红白黑五色车马外，还备有用大象驮载的象轿，供皇帝出行时乘坐。皇帝的仪仗队里还有大象牵引的巨辇，行列的最前方走着6头大象作为先导。

有史料记载，元世祖忽必烈曾用大象将许多名贵的大树驮到青山上栽种，青山即现在景山的前身。当时大象都在积水潭岸边高大的象房里饲养。积水潭在元代又叫海子，到了夏季，荷花盛开，水鸟出没，风景秀丽。每年伏天，象房的官员就让大象到海子去洗澡。《明史·仪卫志》记载，明朝皇帝举行大朝会时，宫廷仪仗队里有"虎豹各二，驯象六"，分列左右。还有5乘礼仪车，其中的"大辂"车和"玉辂"车各用2头大象驾辕。明朝的仪仗队归锦衣卫掌管，下设演象所和驯象所。演象所在大慈恩寺，即今西长安街电报大楼位置。从南亚新来的大象先要在演象所里演练娴熟，然后再送到驯象所饲养。

现在的佟麟阁路，当年是一条排水沟，沟南端抵近宣武门西侧城墙处曾有一座小桥名叫"象房桥"，桥西的胡同名叫"象来街"，都是大象出入的必经之地。桥东就是驯象所饲养大象的象房，即今新华社大院所在地。明代《万历野获编》记述："凡大朝会，役象甚多，常朝则只用六只。"这些大象被授予高低不等的武将官衔，享有不同的待遇。

现在的沙滩后街，旧称马神庙街，明代是太监掌管的御马监所在地。御马监不仅设有马房，还设有9间象

房，常备着9头大象，以便就近去宫廷摆驾。这9头大象如有缺额，就由驯象所补充。

　　明代的光禄寺是筹办宫廷宴会的衙署。当时还有个可笑的制度，若是大象死了，须送交位于东华门外的光禄寺，以便利用象肉备宴。有时公文往来多日，死象已经腐臭，也必须照章移交，弄得沿途街道臭不可闻，行人皆掩鼻躲避。年深岁久，在光禄寺后院的地下掩埋有许多象骨。

　　清朝定都北京之后，接收了象来街旁的象房，并从南亚国家补充了许多大象，那些大象都住着编有号码的单间象房。据清宫档案记载，象房至少有42间，养象数量在乾隆五十八年最多，达到了39头。每头大象都配备有长22尺、宽18尺的毛毡、被子各1条，长25尺的铁链2条，木制饭桶、水桶各1个，以及许多配套的装具。每头大象1天的食料是官仓老米3斗、稻草160斤，小象减半，草料贮存于设在象来街西边的草厂。今宣武门西大街111号院，老门牌是象来街9号，过去院子里空地多，房屋少。居住此院60余年的宋先生说，他听老辈人讲，此院就是以前的草厂。距象房东边不远处的宣武门教堂后身，现在还有个象牙胡同，清代曾出土过象牙，也是与象房相关的遗迹。

　　1689年，康熙皇帝第二次南巡，他的首日行程是从永定门至南苑。在纪实画卷《康熙南巡图》中，描绘了排列在皇家园林南苑的正门"大红门"外的銮驾行列，行列中共有11头大象。

明清时期，每逢夏季伏天，给大象洗澡的场所是在距驯象所很近的宣武门外护城河里。平日难得见到大象的京城居民，到了大象洗澡那天，万人空巷，都去护城河边看热闹。有钱人还乘着马车和轿子，到护城河南岸上斜街的酒楼里，在出高价预订的临河窗口前就座，边吃边看。清代京城曾流传一首描述观看大象洗澡的《竹枝词》："玉水轻阴夹绿槐，香车笋轿锦成堆。千钱更赁楼窗坐，都为河边洗象来。"

乾隆五十八年，因象房养象太多，皇帝下旨说，若

南苑

是再有外国贡象，暂交云南和广东的官府代养，待需要时再送到北京。到了咸丰年间，战乱不断，养象数量日趋减少。

光绪十年（1884年），一头大象在早朝摆驾时野性发作，甩开牵引的"玉辂"车，跑出西长安街，逢物即碎，逢人即伤，还用长鼻卷起一个太监，抛到皇城的墙壁上摔死，北京西城的百姓吓得一整天不敢出门，直到当天晚上才将其捕获。此后清廷銮驾不再使用大象，象房也不再补充大象。

光绪十六年五月（1890年7月），北京连降十余日大

象牙胡同

雨，宣武门内积水有一人深，致使无法开启城门泄水，最终还是从附近的象来街牵来大象，借助大象的蛮力才拉开了城门。后来大象陆续死亡殆尽，象房也遭荒废。

清末宣统初年，在象房旧址上建起了相当于议会的资政院。民国时期，又将资政院扩建为国会，旧象房南边的城墙根土路被改建成"国会街"，东边的"象房夹道"也被改称为"众议院夹道"，即今"众益胡同"。

新中国成立后，新华通讯社进驻旧国会大院，在院内施工时，曾挖掘出昔日象房的石板水池和石雕小象。

清宣统二年（1910年），在明清两朝养象房旧地设谘议机关——资政院（佟麟阁路62号）。辛亥革命后改为国会议场。国会由参众两院组成，参议院在西，众议院在东。参议院设在清末法律学堂内，今为新华社印刷厂。众议院院址在原资政院，就是现在的新华社大院内。

民国以来，两院开会选举总统，议制宪法俱在国会议场举行。民国初年，袁世凯竞选总统之时，让数万军士假扮公民请愿，包围了该处数日。各党议员无不惊骇万状。选举投票后照例大家要合影留念。那时拍照片和现在不一样，不是按下快门，闪光灯一闪就照好相了。那时因受照相技术的限制，按下了快门，闪光灯和相机还会发出"啪"的巨响，好像还会冒出一股浓烟，很是吓人。被困多日的议员们早已如惊弓之鸟，听到巨响，

民国国会资政院旧址

他们以为是外面的人冲了进来，有的被吓得是抱头鼠窜，有的索性就地趴下，各人各样，丑态百出，一时传为笑谈。1923年曹锟"贿选总统"时上演的闹剧也是在这里发生的。然而时过境迁，民国北京国会的旧建筑有些已经无存了，只留下旧国会的圆楼和红楼等建筑。在新华社后院里有民国国会议场，当时为参众两院开会之地，现作为新华社大礼堂使用。议场坐北朝南，为砖木结构，建筑形式简单但是庄严肃穆。议场北面是两座红楼，分为南北两栋，因外墙廊柱皆为红色而得名，为国会办公用房，也有说是议员们的宿舍。在红楼的西侧是著名的国会圆楼，圆楼是当时国会的办公楼，2层为北洋政府总统和议长开会的地方。圆楼的名字有些"名不副实"，按照一般人的思维，圆楼必是外形是圆形的楼房建筑，但是这座圆楼外形可不是圆形的，而是方的。它叫了圆楼之名是因其主楼呈椭圆形而得名。第一次见到圆楼时是百思不得其解，明明是方楼怎么成了圆楼。走进楼里，迎面看到一个如圆柱形的主楼后，才恍然大悟，不禁叹道，楼的名字起得妙呀。

北洋政府垮台后，国会驻地改为北平大学法学院，抗日战争期间，日寇改为新民学院，1946年到1949年年初为北京大学第四院使用。华北大学由石家庄迁至北京，这里遂成为华北大学三部所在地，后又改为新华通讯社社址。

赵登禹路原名北河沿大街，西城区政府2008年对赵

佟麟阁纪念馆

登禹路、东教场路、北营房中街、真武庙路、首都博物馆西南侧路和桦皮厂路等12条城市道路进行全面改造，改造后的赵登禹路南起阜成门内大街，向北经白塔寺东二条路、安平巷、平安大街、后仓胡同，至西直门内大街。道路全长1920米，设计时速为每小时40公里，中间道路由10余米拓宽为21.5米。四条机动车道两上两下，两侧步道拓宽到3至5米，沿线将新建两座过街天桥。

为将改造后的赵登禹路与北二环贯通，西城区将在桃园二期危改结束后，从赵登禹路北端至北二环开辟出一条30米宽、850米长、两上两下的东教场路。改造完成后，北京又将增加一条连接南北二环的城市主干路，这将大大缓解西二环和西单至新街口两条主干道的交通压力。工程进行的同时，还在这一地区同步铺设雨污水、电力、自来水、电信和燃气管线，为周围居民生活带来便利。

南苑元、明、清三代皇家苑囿，现仅存遗址。位于北京市永定门外永定河冲积扇中部，曾是河湖广布、草木葱郁之地。

南苑的范围很大，基本覆盖了从南四环到南六环，从京开高速到京津塘高速之间的广阔范围。

南苑地处古永定河流域，地势低洼，泉源密布，多年的河水、雨水和泉水汇集，形几个很大的水面，那时紫禁城北的积水潭有北海子之称，于是这里就叫成了南海子，包括饮鹿池、眼镜湖、大泡子、二海子、三海子、四海子、五海子等一系列水域。加上流经这里的凉水河、小龙河、凤河等为生物的繁衍创造了理想的水文条件，使得这一带水生和喜水的动植物繁盛起来。

位于天子脚下、皇城近郊的这方水乡泽国自然不会无人问津，自辽金时起封建帝王就在这里筑苑渔猎；出生在草原又善骑射的蒙古人也看中了这块水丰草茂的游猎胜地。元世祖忽必烈来到燕京，在这里圈建了一个"广40顷"的小型猎场，取名"下马飞放泊"。

明成祖朱棣迁都北京后，赶走了所有居住在海子里的居民，扩建殿堂宫室，四周修砌围墙120里，谓之"南海子"。把元朝的猎场扩大了数十倍。明代的燕京十景中的"南囿秋风"，就是指南海子一带。周辟四门，内建衙署，设总提督一人、提督四人负责管理。苑内分为四部分，各有一名提督管理，管辖海户400人。苑内设立二十四园，养育禽兽，种植果蔬，供皇帝和官僚贵族打猎享乐。后日渐荒芜，明隆庆年间，南苑已经很衰败。

清朝入主中原后，南海子称南苑，虽然后来建起了西苑、北苑，但这里仍是当时北京地区最大的猎场。

佟麟阁将军与夫人彭静智、次子佟兵于1935年1月14日在张家口合影。

清代继续经营，修建4处行宫、若干庙宇，原明朝的两处提督衙门改建为行宫（旧衙门行宫、新衙门行宫），新建团河行宫。南苑一部分作为操兵练武之所，筑晾鹰台，作为检阅台，清帝多次在此校阅八旗军队。平时严禁平民进入，同治间于此设神机营。苑内多獐子、野兔、麋鹿（四不象），并圈养老虎，作为狩猎之用。1900年，八国联军入侵北京，日军闯入园中焚毁建筑、射杀动物。1901年后荒废，由皇家发行"龙票"，准招佃屯垦，始有人于苑内抢占土地建立庄园。后神机营营房建南苑机场。

南苑主要是四座行宫，分别为旧衙门行宫（又称德寿寺，现地名旧宫），南红门行宫（现地名南宫），新衙门行宫（现地名新宫），团河行宫。现仅存团河行宫。南苑为禁苑，苑内几乎不住人，不耕种，只有一些维护的人称为海户。明代时，南苑开四个苑门，北为大红门，南为南大红门，东为东红门，西为西红门。大红门，又称"北红门"，是清代南苑周围九门中的正门，位于今南四环路大红门立交桥所在地，是由南苑往永定门的必经之路。后增设为九个，包括小红门等。后来又增设了角门。《帝京景物略》记载："城南二十里有囿。曰南海子，方一百六十里。""四达为门，庶类蕃殖，鹿、獐、雉、兔，禁民无取设海户千人守视。"随着乾隆后期，西苑

(包括三山五园)兴建后,逐渐停建。

可惜好景不长。清末,帝国主义列强闯入南苑后,明清两代苦心经营的南苑一蹶不振,《辛丑条约》签订后,为了弥补国库的空虚,在光绪二十八年六月设立了"南苑督办垦务局",出卖南苑里的土地,将"南苑内闲旷地亩招佃垦荒"。从此,封闭了六百多年的南苑得以开发。比如大太监李莲英的广德庄、富源庄,北洋军阀段祺瑞的振亚庄等,后来,许多庄名都化为地名一直流传至今。到了今天,猎场、行宫、庄园的辉煌已难再重现,见证这段历史的只有一些没有烧毁的石碑和大红门、小红门、旧宫、鹿圈、角门等等这些单纯的地名了。

辛亥革命后仍为驻兵重地。冯玉祥在1924年建"思罗堂",又称"中华基督教卫理公会南苑镇福音堂",位于南苑镇西二道街1号,建筑面积167.1平方米,可容纳500多人聚会,李昌源为本堂首任牧师(1894—1973,山东省泰安人,毕业于北京汇文神学院)。"文革"期间该房产被北京博兰特食品工贸集团南苑中心占用。

民国初年,军队占据南苑,将其辟为兵营。至今这片地区还有"三营门""六营门"等地名。日伪统治期间,日军在"南苑猎场"的北部修建了一个机场,这就是今天的南苑机场。

南苑机场从只供航空学校培训驾驶员到20世纪30年

代成为华北最大的机场之一。

1949年后发展为北京近郊重要农业区和工业区。位于西南隅的清团河行宫遗址已辟为公园，南海子麋鹿苑也建在苑中。

到了20世纪50年代，南郊农场和红星人民公社的出现，使这里成为北京重要的副食品基地。因为得天独厚的地理位置和自然环境，刚改革开放，就曾有台商意在亦庄附近建立外向型为主的经济开发区，终于，1992年，亦庄以北京经济技术开发区的新面孔出现在北京的地图上。

中华爱国人物故事
ZHONGHUA AIGUO RENWU GUSHI